Roland Kachler

Meine Trauer geht – und du bleibst

Roland Kachler

Meine Trauer geht – und du bleibst

Wie der Trauerweg beendet werden kann

Kreuz

Für meinen Sohn Simon
– der bei einem Unfall viel zu früh sein Leben verlor –
in unendlicher Liebe

Bibliografische Information der Deutschen Bibliothek
Die Deutsche Bibliothek verzeichnet diese Publikation in der
Deutschen Nationalbibliografie; detaillierte bibliografische Daten
sind im Internet über http://dnb.ddb.de abrufbar.

www.kreuzverlag.de

Umschlaggestaltung: Bergmoser + Höller Agentur, Aachen
Umschlagbild: © Bruce Heinemann / getty images
Satz: de·te·pe, Aalen
Druck: freiburger graphische betriebe, Freiburg

ISBN 978-3-7831-3323-3

Inhalt

Meine Trauer um dich darf gehen – meine Liebe zu dir wird bleiben

In meinem Gedächtnis wohnst Du
Mein Leib ist dein Haus
Mir aus den Augen siehst du den Frühling
Noch immer die rote Kastanie.

Auf dem Fluss jedes Tages
Kommst du geschwommen
Steigst mit jeder Sonne
Mir über den Hügel.

Marie Luise Kaschnitz (Auszug)

Wann endlich geht meine Trauer? Kann ich etwas dafür tun, damit sie milder wird? Aber *darf* ich meine Trauer verabschieden? Verliere ich dann nicht meinen geliebten Menschen?

Diese Fragen stellen sich dem Trauernden gegen Ende des Trauerweges. Wir werden in diesem Buch lernen, unseren Weg der Trauer behutsam zu einem guten Ende zu führen. Das aber können wir nur, wenn wir wissen, dass der geliebte Mensch sicher an seinem guten Ort und in uns selbst geborgen ist. Nun kann der Trauerweg sein Ende finden. Der Liebes- und Beziehungsweg zum Verstorbenen darf und kann weitergehen.

Den geliebten Menschen im Äußeren gehen lassen – und ihn in der Liebe bewahren

Nicht der Abschied ist der Anfang des Trauerweges, sondern die Entdeckung der Liebe in der Trauer. Trauerarbeit ist die Arbeit der Liebe, den geliebten Menschen nicht verloren zu geben, sondern für ihn einen guten, sicheren Ort zu finden. Mehr und mehr spüre ich dann, dass der geliebte Mensch auch in mir geborgen, gehalten und auf neue Weise lebendig ist. Erst dann kann ich auch realisieren und akzeptieren, dass er hier in der äußeren Realität nicht mehr da ist und nicht mehr kommen wird. Ich kann ihn an seinen guten, sicheren Ort gehen lassen und ihn dort sein lassen. Das ist der Kern meines gänzlich neuen Ansatzes in der Trauerarbeit. Die Trauer ist nichts anderes als der Liebesschmerz. Trauer ist Liebe angesichts des Verlustes. Trauerarbeit ist eigentlich und im tiefsten Kern Liebesarbeit. Am Anfang steht die schmerzende, trauernde Liebe, die allmählich ihren Schmerz und ihre Trauer in sich hineinnimmt und löst.

In diesem Prozess findet die Liebe selbst eine neue Form der Beziehung zum abwesenden geliebten Menschen. Deshalb steht auch am Ende des Trauerweges nicht das Loslassen des Verstorbenen, sondern eine neues, inneres Leben mit dem Verstorbenen. Am Ende dieses Wandlungsprozesses von der Trauer als Liebesschmerz zur nicht mehr schmerzenden Liebe können wir auch die Trauer selbst loslassen.

Die Trauer verabschieden – nicht den geliebten Menschen!

Im Trauerprozess geht es um einen wesentlichen Abschiedsprozess, der in der bisherigen Trauerliteratur nicht beachtet und eigens thematisiert wurde. Es ist der Abschied von meiner Trauer. Die Trauer darf gehen, wenn sie mir geholfen hat, meinen geliebten Menschen im Verlust wiederzufinden, ihn an seinen sicheren Ort zu bringen und ihn in meiner Liebe zu halten.

Nun kann ich meine Trauer würdigen, und ich kann ihr – so schwer es mir auch fällt – danken. Und nun kann auch die Trauer ihrerseits gehen. Dass diese nicht leichte Beziehung zwischen mir und meiner Trauer schwer zu lösen ist, ist ganz normal. Wir werden hier die Klippen und Schwierigkeiten in diesem Abschiedsprozess genauso anschauen wie die Lösungsschritte. So ist dieses Buch eine Anleitung zum Loslassen der Trauer.

Nicht in der Trauer, sondern in der Liebe bleibe ich mit dem Verstorbenen verbunden

Bin ich anfangs im Schmerz und in der Trauer mit meinem geliebten Menschen verbunden, so ist es nun die Liebe selbst, in der ich meinem geliebten Menschen nahe bin. Wie aber leben wir nun die Liebe ohne die Trauer? Geht sie nicht verloren in der Routine, in der Gedankenlosigkeit und im Vergessen der vergehenden Zeit? Wie jede Liebe braucht auch unsere Liebe zum Verstorbenen ihre eigene Fürsorge und Pflege. Wir werden sehen, wie wir unsere Liebe lebendig halten können und wie unser geliebter Mensch uns dabei entgegenkommt. Manchmal brauchen wir auch noch einmal die Trauer in Form der Sehnsucht und Wehmut, um unsere Liebe wieder stärker in unser Bewusstsein treten zu lassen. So ist diese Buch auch eine Anleitung, wie wir die Liebe zum geliebten Menschen bewahren können, wie wir in ihr leben können und wie uns der Verstorbene auch auf lange Zeit nahebleibt.

Wie die Liebe zum Verstorbenen leicht und frei werden kann

Am Beginn des Trauerweges ist unsere Liebe eine schwere, tiefe Liebe im Schmerz. Wir brauchen sie in dieser Form, weil nur sie sich dem Tod unseres geliebten Menschen widersetzen kann, weil nur sie stark ist wie der Tod. Auf dem Trauerweg wandelt sich diese schwere Liebe und gewinnt eine Seite, die auch zu ihr gehört und gehören darf. Es ist die leichte und heitere Seite der Liebe, die sich wie ein Schmetterling erhebt und leicht in den Lüften fliegt. Wir werden sehen, dass diese Liebe dem Wesen des Verstorbenen in seiner neuen Seinsweise entspricht. Leicht wie ein Engel ist auch er und deshalb darf die Liebe leicht und luftig, schwebend und fliegend sein. Wir bleiben dennoch verbunden, weil beide es aus Liebe heraus wollen. Aber weil wir es aus der Liebe und nicht mehr aus dem Schmerz heraus wollen, ist es auch eine freie Liebe, die beiden – mir und dem Verstorbenen – erlaubt, das eigene Sein zu leben.

Wie ich wieder Glück finden kann –
mit dem geliebten Menschen in mir

Am Ende des Trauerweges darf ich mich noch einmal für das Leben, nämlich für *mein* Leben entscheiden. Freilich ist es ohne meinen geliebten Menschen ein anderes Leben. Und doch kann ich es wieder zu meinem Leben machen, zu dem der geliebte Mensch auch immer gehört. Ich kann noch einmal in der ganzen Fülle mein Leben gestalten, weil ich darin von meinem geliebten Menschen gesegnet bin. Und ich kann in meinem Leben auch wieder Glück finden. Im Glück bin ich meinem geliebten Menschen so nahe wie in der Trauer, weil er ein in mir eingewobener Teil ist. Mein Leben ist deshalb immer auch sein Leben, mein Glück auch sein Glück.

Ich darf mich auf mein Leben und mein Glück auch noch einmal ganz einlassen, weil ich durch den Tod meines geliebten Menschen schmerzlich erfahren habe, dass es begrenzt ist. So kann ich mir und meinem geliebten Menschen sagen, dass ich noch eine Weile ganz und glücklich lebe und dann auch komme.

Ich kann hoffen, dass ich dann ganz und endlich mit meinem geliebten Menschen in der Liebe verbunden sein werde. So ist der Lebensweg nach dem Trauerweg immer auch ein Weg zu meinem geliebten Menschen mit einem besonderen Ziel, das sich so in einem rituellen Satz formulieren lässt:

»Dann wir beide in der Liebe«.

Roland Kachler

Hinweis zu den Impulsen und Imaginationen

In den Impulsen und Imaginationen werden die Grundgedanken des Buches vertieft und weitergeführt. Sie sind also wichtiger und integraler Bestandteil des Buches und sind wie die anderen Abschnitte Ihrer Lektüre empfohlen. Sie brauchen nicht jede Übung durchzuführen und können auch erst nach dem ersten Lesen entscheiden, welche Übungen Sie durcharbeiten möchten. Auch die einfache Lektüre der Impulse und Imaginationen wird Sie auf Ihrem Trauerweg und in Ihrer Suche nach einer inneren Beziehung zu Ihrem verstorbenen Angehörigen begleiten und unterstützen. Zugleich sind die Impulse und Imaginationen konkrete Anregungen für die eigene Trauerarbeit. Alle Impulse und Imaginationen in diesem Buch können von Ihnen eigenständig durchgeführt werden. Tun Sie das so, wie es für Sie und Ihre besondere emotionale Situation stimmig ist. Wenn Sie eine Abwehr gegenüber einem einzelnem Impuls oder einer Imagination spüren, dann folgen Sie Ihren Gefühlen und übergehen diese Übung. Nicht jede Übung passt genau in Ihre gegenwärtige Situation. Zwingen Sie sich deshalb nicht zu den Übungen. Sie sind als Vorschlag und Einladung gedacht.

In den Impulsen werden rituelle Sätze vorgeschlagen, die Ihnen helfen, Ihre Gefühle in Worte zu fassen und eine innere Beziehung zu Ihrem verstorbenen Angehörigen zu entwickeln. Diese für die Trauerliteratur gänzlich neuen Formulierungen entfalten ihre Wirkung durch eine ritualisierte und rhythmisierte Form. Sie werden so zu einer sehr einfachen und elementaren, aber verlässlichen und sicheren Hilfe in Ihrer Trauer. Es ist zunächst sinnvoll, dass Sie diese Sätze für sich so übernehmen, sie leise und laut sprechen, sie schreiben oder memorieren. Sie werden entdecken, dass die Sätze für Sie in Ihrem Trauerprozess zu inneren, heilsamen Begleitern werden. Sie können die vorgeschlagenen Formeln auch entsprechend Ihren Wünschen verändern und eigenständig weiterentwickeln.

Die Imaginationen greifen Ihre Gefühle und inneren Bilder in der Trauer und in der Liebe zu Ihrem Angehörigen auf. Zugleich beziehen sie sich auf Symbole und Bilder aus den Tiefenschichten unserer Seele und lassen die innere Weisheit der Seele zur Geltung kommen. Auch wenn bei der Durchführung der Imaginationen noch einmal die Trauer und der Schmerz heftig aufsteigen, entfalten die vorgeschlagenen Imaginationen eine heilsame Wirkung.

Wenn Sie wenig Erfahrung mit Imaginationen besitzen oder zurzeit keinen Zugang zu dieser Methode finden, können Sie sich die inneren Bildreisen langsam und laut vorlesen. Lassen Sie die Bilder dann nachklingen, denken Sie immer wieder an die Bilder oder lassen eigene Bilder dazu aufsteigen. So gewinnen Sie die nötige Sicherheit, um sich allmählich intensiv auf die Imaginationen einzulassen und sie wie vorgeschlagen durchzuführen.

Die Übungen dieses Buches ersetzen keine psychologische Begleitung (wie Seelsorge, psychologische Beratung oder Psychotherapie), die bei schweren Verlusten zu empfehlen ist. Beim Tod des Angehörigen durch Suizid ist eine psychotherapeutische Begleitung dringend anzuraten.

Teil I

Was es mir schwer macht, meine Trauer gehen zu lassen – und wie es mir dennoch gelingen kann

Bruchteil

Wenn ich
ich sage
meine ich auch
dich ohne den ich nicht
singen könnte
meine Trauer
die auch Freude ist
an unserem Zusammenspiel

Bruchteil
meines bestürzenden
Überlebens

Rose Ausländer

Was ist das eigentliche Ziel des Trauerprozesses? In meinem Traueransatz ist es nicht das übliche, in der Trauerpsychologie immer wieder genannte und geforderte Ziel, den geliebten Menschen »loszulassen«. Im Gegenteil: Im Verlauf meines Trauerweges finde ich eine neue, *intensive* Beziehung zu meinem geliebten Menschen. Der Schmerz und die Trauer zeigen mir unerbittlich, dass die Liebe in der äußeren Realität nicht mehr konkret gelebt werden kann. Aber die Trauer und die Liebe in der Trauer eröffnen eine neue Form des Liebens. Dazu sucht und findet die Trauer für unseren geliebten Menschen einen *sicheren Ort*, an dem er auf seine neue Weise sein und leben kann (vgl. mein erstes Buch »Meine Trauer wird dich finden«, Stuttgart 2005, S. 39 ff.). Über diesen sicheren Ort kann ich dann diese Beziehung zu meinem geliebten Menschen leben.

Ist dies erreicht, dann kann und darf die *Trauer* (!) gehen. So ist *die Lösung der Trauer* ein Ziel im Trauerprozess. Ich kann und darf dann meine Trauer loslassen und sie verabschieden. Ich kann dann in mein Leben, in dem nicht mehr die Trauer die zentrale Rolle spielt, zurückkehren. Zu diesem Leben gehören der Verstorbene und meine Liebesbeziehung als ein wesentlicher und integraler Teil.

Allerdings gibt es auf dem Weg, die Trauer loszulassen, immer wieder Hindernisse. Dann bleibt die Trauer länger, als sie es von sich aus selbst wollte. Manchmal verhindern wir selbst bewusst oder unbewusst, dass die Trauer überhaupt gehen kann. Welchen Sinn haben diese Blockaden? Wollen und können wir sie lösen? Was ist erforderlich, damit wir diese schwierigen Klippen überwinden und dann unsere Trauer verabschieden können?

1. Noch hält mich meine Trauer – und ich achte sie

Trauernde: Meine Trauer sitzt auf mir immer noch wie …
Trauerbegleiterin: Wie? Welches Bild fällt Ihnen dazu ein?
Trauernde: Wie ein Raubvogel mit großen Klauen.
Trauerbegleiterin: Noch sind Sie von der Trauer besetzt.
Trauernde schweigt.
Trauerbegleiterin: Und es gibt für Sie kein Entkommen aus der Trauer.
Trauernde: Ja, auch wenn ich mir das manchmal wünsche.
Trauerbegleiterin: Dann sehnen Sie sich danach, dass der Trauervogel seine Krallen löst und irgendwann davonfliegt.
Trauernde: Und doch kann ich mir das noch gar nicht vorstellen.

Nötig ist die Macht der Trauer – in ihr wohnt die Macht der Liebe

Wer einen geliebten Menschen verliert, der trauert anfangs in und mit seinem ganzen Körper. Die Trauer ist allmächtig und hat uns gänzlich im Griff. Der Satz »Ich trauere« stimmt deshalb nicht ganz. Genauer müsste man sagen: »Es trauert mich«, oder noch exakter: »Die Trauer trauert mich«. Das ist am Beginn der Trauer ganz normal und wird lange so bleiben. Auch wenn später die Intensität der Trauer abnimmt und es immer wieder Zeiten ohne Trauer gibt, bleibt sie doch gegenwärtig.

Warum tragen wir diese schlimme und scheinbar unendlich lange dauernde Trauer in uns? Warum ist sie in dieser Intensität überhaupt nötig? Warum ist die Trauer so lange da und kommt immer wieder neu wie in großen Überfällen? Dafür gibt es zwei wesentliche Gründe.

Zum Ersten zeigt uns die Intensität der Trauer die *Größe* des Verlustes, der uns mit dem Tod unseres geliebten Menschen zugemutet wird. Im Verlustschmerz spüren wir, wie groß die Leere ist, die das Ausbleiben und die Abwesenheit des geliebten Menschen in unserer Seele zurücklässt. Der Verlustschmerz legt offen, wie groß die Wunde ist, die in unserer Seele und in unserem Herzen klafft. Zugleich spüren wir im Schmerz den geliebten Menschen. Dies gleicht dem Erleben beim »Phantomschmerz«, bei dem wir den fehlenden Körperteil schmerzend wahrnehmen. Im Schmerz ist der Verstorbene nicht nur *abwesend*, sondern brennend und schmerzend *anwesend*. In der brennenden, geradezu rasenden Sehnsucht bricht sich die Liebe in der Trauer ihre Bahn. Der Kern der Trauer und ihre innerste Glut ist die Liebe zum Verstorbenen.

Die Trauer ist also nicht nur das Gefühl für die *äußere* Abwesenheit, sondern zugleich auch das Gefühl für die *innere* Anwesenheit des Verstorbenen. Die Trauer ist die emotionale Reaktion auf den realen Verlust des geliebten Menschen und auf seine Abwesenheit. Sie ist aber auch ein *Beziehungsgefühl*, in dem der Trauernde den Verstorbenen spürt und eine innere Nähe zu ihm erlebt. Diese Dimension wurde in der bisherigen Trauerliteratur vollständig übersehen. Die Trauer wurde einseitig als Abschieds- und Verlustemotion verstanden. Diese Sicht greift aber nach meinem Verständnis und in dem von mir vertretenen Traueransatz viel zu kurz. Die Trauer will viel mehr. Sie hat nämlich – wie alle anderen Gefühle – auch eine Beziehungsdimension. Sie will, dass der Trauernde die innere Beziehung zum Verstorbenen findet und bewahrt. Die Trauer will die Liebe zum Verstorbenen von der äußeren in eine innere Beziehung wandeln. Dazu braucht es die Trauer!

Zum zweiten übernimmt die Trauer die Macht in unserer Seele, weil uns niemand anderes besser in der Situation eines unendlich großen Verlustes zeigen kann, was jetzt angemessen ist. Die Trauer gibt uns jetzt auf dem Trauerweg vor, was unsere Seele zu tun hat. Dem können wir uns nicht entziehen. Die Trauer macht mit uns nun das, was getan werden muss, ob wir es wollen oder nicht, ob wir es mehr bewusst oder mehr unbewusst tun. Die Trauer selbst weiß, was für uns in der Situation der Trauer richtig und gut ist. Zuerst weist uns die Trauer an, den unendlichen

Schmerz zu spüren und ihn zuzulassen. Sie will, dass wir über den Verlust und um den Verstorbenen klagen. Sie zeigt uns aber auch, wer im Mittelpunkt unseres Fühlens und Denkens steht, nämlich der Verstorbene.

Die Trauer braucht ihre eigene Zeit

Deshalb hat die Trauer ihre ganz eigene Zeit und sie braucht ihre – manchmal unendlich scheinende – Zeit, in der sie im Leben des Trauernden präsent ist. Immer wieder fragen Trauernde: »Wie lange dauert die Trauerzeit?« Natürlich gibt es darauf klassische Antworten wie die, dass sie mindestens ein Jahr dauert. Aber schon für den Verlust eines Kindes stimmt diese Zeitangabe überhaupt nicht, ebenso wenig für den Verlust eines Partners oder einer Partnerin nach einer intensiven und lang dauernden Beziehung. Die Trauer lässt sich nicht beschleunigen oder abkürzen, wollen wir ihr nicht Schaden zufügen. Die Trauer beharrt auf ihrer eigenen Zeit, in der sie ihre ganz besonderen Aufgaben für uns tun will. Und weil alle tiefgreifenden seelischen Prozesse langsame Wachstumsprozesse sind, braucht die Trauer ihre *eigene* Zeit und bestimmt letztendlich, wann sie gehen will.

Viele Trauernde fragen: »Wann wird es mir besser gehen?« So verständlich diese Frage ist, so steckt in ihr doch ein Missverständnis der Trauer. Natürlich ist die Trauer schmerzlich und belastend, und natürlich geht es uns mit dem Tod des geliebten Menschen unendlich schlecht. Und wie alle unangenehmen Gefühle möchten wir auch die Trauer und den Schmerz loswerden und beenden. Doch dagegen wehrt sich die Trauer zu Recht. Sie wehrt sich dagegen, als belastend oder als schlecht bewertet zu werden. Und wenn wir die Trauer zum Beispiel im Weinen zulassen, spüren wir auch die Erleichterung. Die Trauer fließt dabei ab und nimmt einen Teil des Schmerzes mit sich. Deshalb beharrt sie darauf, dass sie jetzt da sein will und da sein muss. Erst wenn sie ihre Aufgaben in unserer vom Verlust getroffenen Seele gelöst hat, erst dann wird sie sich allmählich verabschieden.

Der Trauer die Ehre geben und sie würdigen

Wie sollen wir uns nun unserer Trauer gegenüber verhalten? Wie sollen wir mit ihr umgehen?

Zuerst müssen wir ihr erlauben, dass sie in aller Ruhe ihre Arbeit tun darf. Die Arbeit, die sie für uns und für unsere Beziehung zu unserem geliebten Menschen übernimmt, ist es, die Liebe zum Verstorbenen trotz des Verlustes stark werden zu lassen. Deshalb darf die Trauer weiter da sein, und unsere Aufgabe als Trauernde ist es, in ihr immer wieder die Liebe zum Verstorbenen zu spüren. Wir sollten sie daher immer wieder neu begrüßen und willkommen heißen, auch wenn wir dabei immer wieder den Schmerz spüren. Wenn wir unsere Trauer in ihrer Arbeit sehen und würdigen, wird sie selbst zu einer Begleiterin auf einem schweren Weg. Sie wird zu einer Weggefährtin, die uns den Weg zu unserem geliebten Menschen zeigt. Angesichts der äußeren Abwesenheit unseres geliebten Menschen kann es keine bessere und größere Aufgabe geben.

- Zeigen Sie Ihrer Trauer, dass Sie sie brauchen, und sagen Sie ihr: »Ich brauche dich, damit ich den Tod meines geliebten Menschen verkraften kann und damit ich eine innere Beziehung zu ihm finde.«
- Akzeptieren Sie Ihre Trauer als wichtigen Teil Ihrer selbst: »Du bist jetzt schon lange da und bist zu einer Begleiterin in meinem Verlust geworden. Du gehörst ganz zu mir und das ist gut so.«
- Würdigen Sie die Arbeit Ihrer Trauer: »Du bist schon lange da und du tust ganz deine Arbeit. Du hilfst mir, die äußere Abwesenheit meines geliebten Menschen zu realisieren, und du hilfst mir, eine innere Beziehung zu ihm zu finden. Das ist gut so.«
- Ehren Sie Ihre Trauer, in dem sie sich ihrer Macht beugen, wohl wissend, dass nichts anderes möglich ist und dass dies die heilsamste Haltung gegenüber der Trauer ist: »Ich respektiere dich, meine Trauer, in deiner Kraft. Ich bin bereit, mich und meinen Trauerweg dir zu überlassen.«

2. Wenn meine Trauer alte Lebensthemen wachruft

Trauernde: Der Tod meines Mannes tut nicht nur sehr weh, sondern er hat mich tief getroffen

Trauerbegleiter: Bis in Ihren innersten Kern!?

Trauernde: Ja, ich denke: Wieder einmal hat es mich erwischt.

Trauerbegleiter: Wieder einmal?

Trauernde: Mir passieren immer die schlimmsten Dinge.

Trauerbegleiter: Das scheint eine häufige Lebenserfahrung von Ihnen zu sein?

Trauernde nickt nachdenklich.

Trauerbegleiter: Und zugleich höre ich fast so etwas wie eine Erwartung, dass Ihnen schlimme Dinge zustoßen.

Trauernde: Und der Tod meines Mannes bestätigt das nur.

Trauerbegleiter: Er scheint ein altes Lebensthema zu berühren. Wie kommt dieses Thema immer wieder vor in Ihrem Leben?

Trauernde: Das kenne ich schon seit meiner Kindheit. Mein geliebter Großvater ist schon gestorben, und dann haben sich meine Eltern getrennt.

Trauerbegleiter: Verluste und Abschiede ziehen sich wie ein roter Faden durch Ihr Leben?

Und plötzlich sind meine alten Lebensthemen da

Der Tod eines geliebten Menschen löst nicht nur intensivste Trauer und Schmerz aus, sondern er berührt auch alte Lebensthemen. Der Verlust trifft uns im Innersten unserer Persönlichkeit, in der auch unsere wichtigsten Lebenserfahrungen und Lebenseinstellungen verankert sind.

Unsere Lebenserfahrungen und die daraus resultierenden Lebenseinstellungen formen sich seit unserer frühesten Kindheit zu Grundgefühlen und Sätzen über das Leben, über die Welt und

19

über die eigene Person. Wir nennen diesen Komplex unserer Grundüberzeugungen das »Lebensskript«. Dieses gibt uns unbewusst vor, wie wir die Welt und uns selbst erleben und verstehen sollen. Wir sehen das, was uns dann im Leben zustößt, mit der Brille des Lebensskriptes. Die Idee vom Lebensskript wurde von *Eric Berne*, dem Begründer der Transaktionsanalyse, in die Psychotherapie eingeführt und hat sich als wichtiges Konzept bewährt.

Ein häufiges Skript heißt zum Beispiel: »Ich bin es nicht wert, geliebt zu werden«. Als Kind hat dieser Mensch erlebt, dass er von einem oder beiden Elternteilen immer wieder übersehen, benachteiligt und schwer kritisiert wurde. Oft gab es auch keine körperliche Zuwendung und Nähe. Vielleicht war die Familie von einem distanzierten und unterkühlten Klima geprägt. Das Kind hat wenig Zuneigung gespürt und hat diese richtige Wahrnehmung dann auf sich bezogen: »Es muss an mir liegen, dass ich nicht geliebt bin. Ich bin es einfach nicht wert, geliebt zu werden.« Als Jugendlicher und als Erwachsener überträgt dann dieser Mensch die Einstellung und das Gefühl »Ich bin nicht wert, geliebt zu werden« auf alle Beziehungen. Er unterstellt anderen Menschen meist unbewusst, dass sie ihn nicht wirklich lieben oder es nicht wirklich ernst in ihrer Liebe zu ihm meinen. Er lässt sich dann nicht auf Beziehungen ein oder seine Beziehungen scheitern immer wieder, weil er sich und den anderen die Liebe nicht wirklich erlaubt. Und so bestätigt sich das Lebensskript selbst immer wieder neu. Was in der *Kindheit* ein durchaus richtiges Lebensgefühl war, wird nun im Lebensskript als Haltung auf das ganze Leben übertragen. Das Gefühl, das das Lebensskript entstehen ließ, ist also zunächst durchaus richtig, aber *im weiteren Leben* führt das Lebensskript zu einer Verzerrung der Wahrnehmung und zu einer einseitig negativen Sicht der eigenen Person, der Menschen und der Welt. Das Tragische eines Lebensskripts liegt nun darin, dass es sich selbst bestätigt, indem es das Leben eines Menschen so vorprägt, dass genau das eintritt, was es selbst vorgibt.

Der Verlust eines Menschen ruft bestimmte Lebensskripte wach

Die Trauernde im obigen Dialog hat offensichtlich immer wieder schwere Schicksalsschläge in ihrem Leben erlitten. Sie hatte schon früh ihren geliebten Großvater verloren. Die Trennung ihrer Eltern war ein weiterer schwerer Verlust in ihrer Kindheit. Und nun scheint auch der frühe Tod ihres Mannes in diese Reihe der Lebenserfahrungen zu passen. Er bestätigt damit das Grundgefühl und die Grundüberzeugung »Mir stoßen immer die schlimmsten Dinge zu.« Sie denkt dann weiter: »Ich hätte es ja wissen müssen, dass das mit meinem Mann passieren wird.« Wenn wir dann genauer nachfragen, wird ein noch weitergehender Skriptsatz sichtbar: »Ich habe es nicht verdient, dass ich glücklich sein darf. Deshalb stößt mir immer das Schlimmste zu.« Hier wird nun deutlich, dass diese Frau den Tod ihres Mannes als Bestätigung ihres Minderwertigkeitsgefühls bewertet. Zwar sind die Verluste im Leben dieser Frau tatsächlich schwer, doch sagen sie nichts über den Wert dieser Frau aus.

Der Verlust eines geliebten Menschen ruft meist ganz bestimmte Lebensskripte wach und scheint sie zu bestätigen. Sehr häufig wird das Skript »Ich bin selbst schuld, dass mir das jetzt zustößt« oder das Skript »Wie immer werde ich jetzt wieder einmal bestraft« durch einen Verlust reaktiviert. Die Überzeugung der Schuld oder der Bestrafung wird uns als Kind in elterlichen Botschaften oft nahegelegt oder wir kommen als Kind selbst zu dieser Überzeugung. Bei dem Tod des geliebten Menschen gibt es meist – wenn auch noch so kleine – Versäumnisse oder ungenutzte Möglichkeiten, die vielleicht seinen Tod hätten verhindern können. Der Hinterbliebene nimmt dann dies mit seinem alten Schuld- oder Strafskript wahr, sieht sich wie immer als der Schuldige und fühlt sich wie so oft in seinem Leben bestraft. Er hat dann nicht nur den Verlust, sondern auch sein schon lange vorhandenes und nun neu verstärktes Schuldgefühl zu tragen.

Auch der Verdienstgedanke steckt in vielen durch einen Verlust aktivierten Skriptsätzen wie: »Ich habe es nicht verdient, dass es mir gut geht« oder »Mir steht es nicht zu, dass ich lange mit einem

Menschen zusammenleben und glücklich werden darf.« Hier steht meist ein Minderwertigkeitsgefühl im Hintergrund. Es sagt mir, dass ich es nicht wert bin, über lange Zeit mit dem geliebten Menschen zusammen sein zu dürfen.

Frühe Erfahrungen von Verlassenwerden und Alleinsein und die dazugehörigen Lebensskripte tauchen durch den Verlust wieder auf: »Immer wieder werde ich verlassen. Niemand will bei mir bleiben« oder »Ich bin schon immer allein und jetzt erst recht.« Der Tod des geliebten Menschen ist tatsächlich eine Erfahrung des Verlassenwerdens. Das bedeutet aber *nicht*, wie es das Lebensskript nahelegt, dass ich zum Alleinsein lebenslang verurteilt bin oder gar dass dieses von mir verschuldet sei.

Schließlich bestätigt der Tod eines nahen Menschen häufig Skripthaltungen, in denen der Hinterbliebene das Leben, das Schicksal oder Gott als feindlich, als ungerecht und hart erlebt. Der schwere Verlust ist dann nur noch eine weitere Bestätigung für die Grausamkeit des Lebens. Solche Skriptsätze lauten dann: »Das Leben meint es nicht gut mit mir« oder »Gott ist ungerecht und böse zu mir«.

Manchmal ist es wohl tatsächlich so, dass der Verlust eine Wiederholung einer schon oft erlebten Erfahrung ist. Sicherlich ist es für die Frau im obigen Trauerdialog naheliegend, den zu frühen Tod ihres Mannes im Rahmen ihrer Lebensüberzeugungen zu verstehen. Es gibt tatsächlich Menschen, die immer wieder von denselben Schicksalsschlägen heimgesucht werden. Deren Lebensskript ist dann nicht einfach eine frühe, in der Kindheit entstandene Lebenseinstellung, sondern tatsächlich die richtige Beschreibung des eigenen Lebens. Solche Menschen haben nun eine doppelte Trauer zu leisten: die aktuelle Trauer um den Verlust des geliebten Menschen und dann die Trauer darüber, dass es im eigenen Leben immer wieder Verluste gibt. Es ist die Trauer um das eigene, von Verlusten geprägte Leben, also die Trauer um sich selbst und die eigene schwere Biografie. Wenn uns diese Differenzierung gelingt, dann können wir einerseits um *uns* trauern und andererseits zugleich, deutlich davon unterschieden, um unseren *geliebten Menschen*. Und beides hat sein Recht.

Wie wir unser Lebensskript im Verlust verändern können

Nicht jeder Trauernde reagiert auf den Tod seines geliebten Menschen mit seinem Lebensskript. Manchmal passt der Verlust nicht zum eigenen Lebensskript – wenn es zum Beispiel »Geschäftlich bin ich ein Versager. Ich werde es nie zu etwas bringen« lautet. Manchmal haben Betroffene ihr Lebensskript im Laufe ihres Lebens schon so verändert oder abgemildert, dass der Verlust das Skript nicht mehr aktiviert.

Wenn aber Trauernde in der Verlustsituation merken, dass es neben dem Schmerz und der Trauer noch andere belastende Gefühle gibt, die sie schon lange, meist aus der Kindheit, kennen, dann ist das ein Hinweis, dass hier der Trauernde neben der eigentlichen Trauer auch mit seinem Lebensskript reagiert. Das sollte dann der Anlass sein, sich mit dem eigenen Skript auseinanderzusetzen. Natürlich – und das sei hier ausdrücklich betont – ist diese Auseinandersetzung nicht am Beginn des Trauerweges möglich. Dies kann erst gelingen, wenn die Trauer des ersten Jahres zurückgetreten ist und ich mir selbst und meiner Trauer gegenübertreten kann. Erst jetzt kann ich mich befragen, wie meine Biografie und meine Lebensskript meine Trauer prägen. Erst im letzten Drittel unseres Trauerweges ist also der Zusammenhang zwischen Skript und Trauer zu verstehen und zu bearbeiten. Aber dann ist dies ein wichtiger Arbeitsschritt in der Trauerarbeit, weil er dazu hilft, die Trauer selbst allmählich loszulassen und zu verabschieden.

Zunächst gilt es, sich das eigene Lebensskript bewusstzumachen. Welche zurückliegende Lebenserfahrung aus meiner Kindheit ist jetzt durch den Tod meines geliebten Menschen angesprochen? Was scheint sich in seinem Tod an bekannter Lebenserfahrung zu wiederholen? Und wie, glaube ich, hat das mit meiner Person und meinen grundlegenden Lebenshaltungen zu tun? Wenn ich glaube, dass der Tod meines Angehörigen mit meiner Person oder einer wichtigen Seite meiner Person zu tun hat, dann beziehe ich seinen Tod sehr sicher im Sinne meines Lebensskriptes auf mich und ich sehe seinen Tod als Bestätigung meines Lebensskriptes. Ungewollt und unbewusst bauen wir den Tod unseres geliebten

Menschen in unser Lebensskript ein. Hart ausgedrückt »benutzen« wir den Tod unseres geliebten Menschen, um uns in unseren Lebenshaltungen zu bestätigen.

Natürlich ist es völlig in Ordnung, dass wir am Beginn des Trauerweges den Tod eines geliebten Menschen ganz auf uns selbst beziehen. Wir können den Tod gar nicht anders erleben, als dass er ganz und gar gegen uns gerichtet zu sein scheint, ist doch unser geliebter Mensch ein Teil unserer Seele. Doch im Verlauf des Trauerprozesses können wir uns fragen, ob es wirklich stimmt, dass der Tod nur gegen uns gerichtet ist, und ob er bestätigt, was wir schon immer in Bezug auf uns und das Leben dachten. Wir sollten uns klarmachen, dass der Tod eines nahestehenden Menschen nicht in meinem Minderwertigkeitsgefühl oder in meinem Gefühl, ich dürfe nicht glücklich sein, begründet ist. Er ist auch von niemandem als Angriff, als Strafe oder Rache beabsichtigt und gewollt. Auch meint es das Schicksal, das Leben oder Gott nicht absichtlich ganz besonders schlecht mit mir und mutet mir gewissermaßen gezielt Schlimmes und Böses zu, selbst wenn das vielleicht in meinem Leben doch öfters geschieht als bei anderen. Es ist schwer, sich mit diesen Einsichten anzufreunden, sind sie doch auch eine Kränkung unserer ichzentrierten Vorstellung, alles beziehe sich auf mich. In der Auseinandersetzung mit unserem Lebensskript wächst die Einsicht, dass wir zwar *wichtig*, aber doch *nicht der Mittelpunkt* der Welt sind, auch nicht in unserer Trauer.

Was ist nun die Chance dieses Wissens? Der Blick kann frei werden dafür, dass der Tod unseres geliebten Menschen etwas ganz Eigenes ist. Er ist ein einmaliges Ereignis, das mehr ist als die Bestätigung meiner alten Lebenserfahrungen und meiner Weltsicht. Der Tod des geliebten Menschen erhält damit seine ganz eigene Bedeutung und Würde. Und deshalb gilt meine Trauer auch ganz meinem geliebten Menschen. Ich traure wegen ihm und nicht wegen meines Lebensskriptes. Ich traure aus der Liebe und nicht aus den vielleicht enttäuschten oder verletzten Gefühlen meines Lebensskriptes. Und so erhält auch meine Trauer um meinen geliebten Menschen ihre eigene Würde.

- Überprüfen Sie, an welche bisherigen Lebenserfahrungen und Lebenshaltungen der Tod Ihres geliebten Menschen rührt. In welchem Satz oder in welcher Überschrift könnten Sie Ihre grundlegende Lebenshaltung formulieren?

- Nehmen Sie jetzt die Gelegenheit wahr, sich mit Ihren Lebensthemen, dem so genannten Lebensskript, auseinanderzusetzen.

- Suchen Sie die Wurzeln Ihres Lebensskriptes. Gehen Sie in Ihre Biografie zurück und spüren Sie nach, in welchem Zusammenhang Ihr Lebensskript entstanden ist. Kennen Sie die Grundhaltung und das dazugehörige Gefühl schon aus Ihrer Kindheit? Welche Elternbotschaft haben Sie übernommen und in Ihr Lebensskript »eingebaut«? Aus welchen eigenen, meist schlimmen Erfahrungen haben Sie als Kind einen kindlichen Glauben über sich und das Leben gemacht? Formulieren Sie diesen kindlichen Glauben in einem Satz, dem so genannten Skriptsatz.

- Erlauben Sie sich den Skriptsatz als Quintessenz einer kindlichen Erfahrung, die damals richtig war. Prüfen Sie aber auch, ob das Lebensskript heute noch richtig ist. Korrigieren sie es dann: »Für mich als Kind war diese Lebenshaltung richtig, jetzt als Erwachsener kann und darf ich es anders sehen und bewerten.«

- Erlauben Sie sich zunächst, dass der Tod Ihres geliebten Menschen Ihr Lebensthema und Lebensskript zu bestätigen scheint. Machen Sie sich bewusst, dass *Sie* es *selbst* sind, der (oder die) den Tod Ihres geliebten Menschen ganz auf sich bezieht und so deutet, als wäre er nur gegen Sie gerichtet. Prüfen Sie aber auch selbstkritisch, ob das wirklich stimmt.

- Unterscheiden Sie zwischen dem Skriptsatz und der jetzigen Trauer: »Meine Lebensskript ist früher entstanden und hat dort sein Recht. Meine Trauer ist jetzt durch den Tod meines geliebten Menschen wachgerufen und hat jetzt hier ihr eigenes Recht.«

- Machen Sie sich klar, dass der Tod Ihres geliebten Menschen seine ganz eigene Bedeutung und Würde hat: »Ich will allein um dich trauern und schenke meine Trauer jetzt dir.«
- Erlauben Sie sich aber auch, über schwierige, sich wiederholende Verluste in Ihrem Leben zu trauern: »Dein Tod hat mir bewusst gemacht, dass ich in meinem Leben immer wieder Schlimmes bewältigen muss. Und auch das ist traurig. Und doch ist das eine eigene Trauer, nämlich die Trauer um mich und das, was bisher schlimm in meinem Leben war.«
- Formulieren Sie für sich eine konstruktive, heilsame Lebenshaltung angesichts und trotz des Todes Ihres geliebten Menschen: »Bei allem Schlimmen, ich darf leben.« Oder: »Auch wenn es jetzt entsetzlich ist, darf es mir wieder gutgehen.« Fragen Sie dann in einem inneren Dialog Ihren verstorbenen geliebten Menschen, ob er Ihnen zu dieser neuen Lebenshaltung eine Erlaubnis gibt.

3. Wir trauern so verschieden um dich – und sind doch über dich miteinander verbunden

Trauernde Mutter: Mein Mann redet so wenig über seine Trauer.

Trauernder Vater: Ich muss das mit mir ausmachen.

Trauerbegleiterin: Und doch trauern Sie nicht weniger um Ihren Sohn!?

Trauernder Vater: Nein, natürlich nicht, aber wir müssen weiterleben, wir können doch nicht in der Trauer versinken.

Trauernde Mutter: Ich will aber auch nicht meine Trauer wegschieben. Und wenn ich traurig bin, dann weine ich halt, ganz im Unterschied zu dir.

Trauerbegleitern: Sie trauern anders als Ihr Mann. Sie zeigen Ihre Trauer, Sie weinen und reden über Ihre Trauer.

Trauernde Mutter: Ja, und ich weiß nicht, was mein Mann mit seiner Trauer macht und wo er in seiner Trauer steht.

Sie schaut ihn fragend an. Ihr Mann zuckt mit den Schultern.

Trauernder Vater: Ich weiß es wahrscheinlich selbst nicht.

Trauernde Mutter, vorwurfsvoll: Das kommt, weil du nicht richtig trauerst. Ich verstehe dich da überhaupt nicht.

Trauerbegleiterin: Sie trauern beide – und doch unterschiedlich, sozusagen die zwei möglichen Pole der Trauer. Sie, Herr M., versuchen Ihre Trauer und damit Ihre Lebenssituation in den Griff zu bekommen. Sie, Frau M., leben die andere Seite: Sie drücken die Trauer offen und direkt aus. Ich glaube, dass Sie beide etwas Wichtiges tun. Es wäre allerdings gut, wenn Sie diese beiden Pole zusammenhalten und sie im Gespräch darüber bleiben. Dann könnten Sie sich auch gegenseitig in Ihrer jeweils besonderen Weise des Trauerns besser wahrnehmen und verstehen.

Jeder trauert auf seine Weise – und das ist so in Ordnung

Jeder Mensch trauert anders. Und jeder Mensch trauert auf seine ganz spezifische Weise. Darin drückt sich seine Persönlichkeit aus, wie sie sich im Laufe seines Lebens entwickelt hat. Hier zeigt sich wieder unser Lebensskript, das auch unseren Umgang mit Gefühlen prägt. Wenn wir als Kind einen Verlust erlebt haben, haben wir sehr häufig auch ein besonderes Verlust- und Trauerskript entwickelt, das uns vorgibt, wie wir mit einem Verlust und der Trauer umgehen können und sollen. Dabei können die Verarbeitung eines Verlustes in der Kindheit und das Ergebnis in Gestalt eines Trauerskriptes sehr unterschiedlich ausfallen. Eine Frau, die ihre Mutter früh verloren hat, hat gelernt, dass Verluste zum Leben gehören und dass man damit leben kann. Sie kann dann nun als Erwachsene bewusst und aktiv mit der Trauer um ihren Mann umgehen. Ein anderer Mann, der früh seinen Vater verlor, hat für sich ein Trauerskript entwickelt, das folgende Überzeugung formuliert: »Man muss hart bleiben, auch wenn jemand stirbt. Lass dich deine Trauer nicht spüren.« Beim Tod seiner Tochter versucht er, dieses Skript anzuwenden. Doch seine Gefühle sind zu heftig, als dass sein altes Trauerskript noch anzuwenden wäre. Er selbst und damit sein Trauerskript brechen im Schmerz zusammen. Das verunsichert ihn zunächst, ist aber auch eine große Chance für ihn, weil er nun sich ganz auf seine Trauer einlassen und langfristig sein altes Trauerskript verändern kann.

Diese Beispiele zeigen, wie unsere Lebenserfahrungen, wie unsere Persönlichkeit und unser spezifisches Trauerskript – beziehungsweise die Grenzen und Schwächen des Trauerskriptes – unsere Art des Trauerns bestimmen. Der Umgang mit einem Verlust und das Erleben unserer Trauer sind so Ausdruck unserer ganz eigenen Individualität. Jeder hat damit eine eigene Art des Trauerns und einen eigenen Trauerstil. Es wichtig, sich im Prozess des Trauerns in diesem Trauerstil kennenzulernen, um zu verstehen, was die Stärken, aber auch die Schwäche in der eigenen Art des Trauerns sind. Es gibt *kein* »perfektes Trauern«. In unserem Trauern sind wir so besonders, aber eben auch so verletzlich, manchmal auch so einseitig und immer so unvollkommen, wie wir als Mensch sind – und in einer schweren Verlustsituation mehr denn je. Deshalb sollten wir auch freundlich und liebevoll mit unserer Art des Trauerns umgehen. Wir haben keine andere Art und jetzt können wir auf die Schnelle auch keine andere entwickeln. Allerdings können wir uns von anderen, sei es vom Partner oder von einem anderen Familienmitglied, in unserer Art des Trauerns ergänzen und korrigieren lassen.

Trauern Männer und Frauen unterschiedlich?

Unser Trauern ist nicht nur biografisch und persönlich, sondern auch stark kulturell geformt. In unserer Kultur haben sich dabei eine »weibliche« und eine »männliche« Weise des Trauerns herausgebildet. In einer ursprünglich männlich geprägten, patriarchalischen Gesellschaft wie der unsrigen wird das intensive und offene Trauern den Frauen zugeteilt, während das kontrollierte Zurechtkommen mit der Trauer den Männern zugewiesen wurde. Im Judentum beispielsweise sind die Klagefrauen für das offensive Trauern zuständig. Das Trauern im Christentum ist zutiefst vom Bild der Pietà, also der Maria, die trauernd ihren Sohn Jesus im Schoß hält, geprägt. Sie darf und kann ihre Trauer zeigen, vom Vater des verstorbenen Jesus ist nichts zu sehen. Er ist, wenn es um Tod und Trauer geht, der abwesende Mann, der seiner Arbeit und seinen Geschäften nachgeht und keine Zeit und keinen Raum für die Trauer hat. Trauer zu zeigen gilt als unmännlich und schwach. Trauer wurde als eigenes Gefühl abgewertet und aus dem öffentlichen Raum, der meist auch heute noch männlich besetzt ist, verdrängt. Im privaten Beziehungsraum und im Raum der Familie lebt die Frau die Trauer, während der Mann in seiner Trauer sprachlos wird und stumm bleibt. Noch immer ist es nicht selbstverständlich, dass Männer auch nach außen offen und ausdrucksvoll trauern dürfen.

Seit den 70er Jahren hat die Trauerpsychologie plausibel gezeigt, wie wichtig das bewusste, offene und intensive Trauern ist. Sie hat die »weibliche« Trauer nicht nur rehabilitiert, sondern sie nun zum Leitbild für »richtiges« Trauern erhoben. Im einleitenden Trauerdialog drückt dies die trauernde Mutter ganz direkt als Vorwurf an ihren Mann aus. Nun kommt plötzlich die männliche Trauer in den Verdacht, kein angemessenes Trauern zu sein. Manches an der Kritik ist durchaus berechtigt. Viele – nicht alle! – Männer reden distanziert von ihrem Verstorbenen, sie halten ihre Trauer im Griff und zeigen nach außen Härte oder eine sachliche Distanzierung zum Tod ihres geliebten Menschen. Aber auch nach innen versuchen sie sich unempfindlich gegenüber der Trauer zu machen und die Trauer zu verdrängen. Männer sagen: »Das Leben muss weitergehen«, und meinen damit, dass es wenig Zeit und Raum zum Trauern bedarf. Deshalb kehren Männer häufig rasch zur Normalität zurück, was fast immer auch von und in ihrem Beruf verlangt wird. Leben Männer die »männliche« Trauer sehr massiv und einseitig, kann das für sie durchaus destruktiv werden. Die Trauer setzt sich dann im Körper fest und kann an einer Schwachstelle des Körpers mit dazu beitragen, dass sich psychosomatische Beschwerden wie beispielsweise Rückenschmerzen entwickeln.

Dennoch hat die männliche Form des Trauerns auch ihre Berechtigung. Das müssen wir gegen das heute dominierende Leitbild der weiblichen Trauer nun auch wieder neu entdecken. In aller Trauer müssen wir lernen, unsere Trauer auch einmal wegzustellen, sie also vorübergehend zu »verdrängen«. Es tut uns auch gut, unsere Trauer rational zu verstehen, sozusagen unsere Trauer auch zu »denken«. Schließlich sollten wir auch in der größten Trauer immer noch ein Stück Normalität und Alltag leben. So gesehen, ist die männliche Art des Trauerns durchaus ein wichtiger Pol im ganzen Spektrum des Trauerns. Der andere, dazugehörige weibliche Pol hat nun seinerseits seine Berechtigung: Es ist hilfreich, unsere Trauer als Emotion ganz zuzulassen, sie in Tränen abfließen zu lassen, sie im Weinen und Schreien nach außen zu bringen und sie immer wieder und wieder im Gespräch zu formulieren und ihr damit eine Gestalt zu geben. Die Pole männlicher und weiblicher Trauer gehören also zueinander, sind gegenseitig auf sich bezogen und brauchen den jeweils anderen Pol. Im Hin- und Herschwingen zwischen den Polen kann der oder die Trauernde in einen lebendigen und heilsamen Trauerprozess eintreten.

Meine und deine Trauer ergänzen sich

In einer Familie trauert jedes Familienmitglied ganz unterschiedlich. Besonders Elternpaare, die ein Kind verlieren, müssen mit dieser Unterschiedlichkeit, auch mit der Unterschiedlichkeit von männlicher und weiblicher Trauer, umgehen, wollen sich die Partner nicht verlieren.

Es besteht nun die Gefahr – sei es in einer Familie oder in einer Partnerschaft –, dass jeder auf seine Weise trauert und darüber hinaus sich vom anderen nicht verstanden fühlt. Enttäuscht brechen dann die Partner oder die Familienmitglieder den Austausch und das Gespräch über die eigene Trauer ab. Jeder bleibt mit seinem Trauerprozess allein und vom anderen isoliert. So nimmt es nicht Wunder, dass sich viele Partner oder Familienmitglieder in ihren Trauerwegen voneinander wegentwickeln. Häufig wird sogar die Trauer des anderen als Abwertung der eigenen Trauer oder als Angriff auf sie verstanden. Dann gibt es unerquickliche und fruchtlose Diskussionen über das »richtige« Trauern. Kritik an meiner Trauer ist aber für jeden Menschen schwer auszuhalten, ist meine Trauer doch mein ganz zentrales und ganz individuelles Erleben. Meine Trauer gehört zu meiner Identität, und Kritik daran trifft mich so tief, dass ich persönlich verletzt bin und mich heftig verteidigen muss.

In diesen Prozessen geht das Wertvolle in der Unterschiedlichkeit des Trauerns vollständig verloren. Und im Übrigen halten wir in diesem unterschwelligen Kampf die Trauer auf eine destruktive Weise fest. Sie wird selbst zum Kampf- und Machtmittel, das wir in den – meist unfruchtbaren – Diskussionen um »deine« und »meine« Trauer noch brauchen und deshalb nicht loslassen können. Damit schaden wir der eigenen Trauer, der Trauer des Mittrauernden und uns selbst.

Nehmen Sie die Art des Trauerns des anderen als Impuls, die eigene Art des Trauerns besser zu verstehen und sich dabei vom anderen in seinem Trauern anregen zu lassen.

- Stehen Sie zu *Ihrer Art* des Trauerns. Sie ist auf ihre Weise für Sie richtig: »Ich bleibe bei meiner Art des Trauerns. Sie gehört zu mir und stimmt für mich.«

- Lassen Sie dem anderen Menschen seine Art des Trauerns. Sie ist auf ihre Weise genau die richtige Trauer für ihn: »Ich respektiere deine Art des Trauerns. Sie gehört zu dir und ist für dich passend.«

- Schauen Sie, was das Wichtige und Hilfreiche an Ihrer eigenen Art des Trauerns ist. Sehen Sie aber auch, was in dieser Art des Trauerns zu kurz kommt und wo sie ihre Schattenseite hat: »Meine Art des Trauerns ist nicht vollkommen und ihr fehlt etwas. Und deshalb brauche ich hier noch etwas anderes.«

- Das Ergänzende finde ich bei meinem Mittrauernden. Bei allem Recht auf meine eigene Art des Trauerns brauche ich das Trauern des anderen als Gegenüber und als Ergänzung: »Ich prüfe, was ich von deiner Art des Trauerns lernen kann, weil ich weiß, dass es in deiner Art des Trauerns Wertvolles gibt, das ich von dir lernen kann.«

- Umgekehrt dürfen Sie sich auch vom Mittrauernden wünschen, dass er etwas von Ihrer Art des Trauerns aufnimmt, damit Sie als Partner oder Familienmitglieder in Ihrem Trauern zusammenrücken: »Ich wünsche mir von dir, dass du etwas von meiner Art des Trauerns lernen kannst und für dich hilfreich werden lassen kannst.«

- Machen Sie sich immer wieder bewusst, dass Sie bei aller unterschiedlichen Form des Trauerns um *denselben* Menschen trauern. Es geht nicht nur um Ihre ganz eigene Weise des Trauerns, sondern es geht um den geliebten Menschen, den Sie beide verloren haben: »Ich weiß, dass wir um denselben Menschen trauern und dass wir denselben Menschen in unserer Trauer lieben. Und ich weiß, dass du das weißt. Und in der Trauer und in der Liebe zu unserem Verstorbenen sind wir verbunden. Lass uns in ihm miteinander verbunden bleiben – auch wenn wir unterschiedlich trauern.«

4. Führt mein Zorn in die Verbitterung oder lässt er die Liebe zu dir stark werden?

Trauernder: Manchmal könnte ich alles kurz und klein schlagen. Ich bin oft einfach nur wütend.

Trauerbegleiterin: Wütend auf was?

Trauernder: Irgendwie auf alles, auch auf meinen Sohn, der beim Motorradfahren nicht aufgepasst hat.

Trauerbegleiterin: Wie geht es Ihnen mit dieser Wut auf Ihren Sohn?

Trauernder: Ich glaube, er hält das aus, außerdem liebe ich ihn ja doch.

Trauerbegleiterin: Welche Wut macht Ihnen dann am meisten zu schaffen?

Trauernder: Die auf das Leben überhaupt. Das Leben ist nur noch be … scheiden.

Trauerbegleitern: Fühlt sich das auch bitter an!?

Trauernder: Warum auch nicht. Es ist doch verdammt bitter, einen Sohn zu verlieren.

Trauerbegleiter: Es gibt wohl nichts Schlimmeres, als ein Kind zu verlieren.

Der trauernde Vater stimmt mit einem Nicken zu.

Trauerbegleiter: Und doch könnten Sie sich durch Ihre Verbitterung schaden.

Trauernder sarkastisch: Und was macht das schon?

Trauerbegleiter: Ich könnte mir vorstellen, dass die Bitterkeit auch Ihre Liebe zu Ihrem Sohn verdunkelt.

Der trauernde Vater überlegt, dann laufen ihm Tränen über die Wangen.

Wut darf sein – sie ist die Empörung der Liebe

Es gibt keinen Zwang, dass wir im Trauerprozess Wut und Zorn erleben müssten, schon gar nicht gegen den Verstorbenen selbst. Dies wird zwar in der Trauerliteratur vom Trauernden immer wieder gefordert, dabei wird aber nicht verstanden, was der innerste Grund der Wut in der Trauer ist. Wieder ist die Liebe der innere Kern auch der Wut: Die Wut und der Zorn sind die Empörung der Liebe gegen den Tod und die Empörung gegen die harte Wirklichkeit, dass wir die Liebe nicht mehr real mit dem geliebten Menschen leben dürfen. Und deshalb wird und darf die Wut im Trauerprozess vorkommen, aber nicht als vorgeschriebener Zwang, sondern aus der inneren Not der Liebe heraus. Und immer wird unsere Liebe zum Verstorbenen die Wut aushalten und tragen, auch den Zorn gegen den Verstorbenen selbst. Dessen ist sich auch der Vater im obigen Trauerdialog sicher. Er ist wütend auf seinen Sohn, weil er mit seiner Unachtsamkeit sein Leben, aber auch die Möglichkeit, gemeinsam die Vater-Sohn-Beziehung zu leben, gefährdet hat. Dennoch ist die Liebe des Vaters größer als sein Zorn auf seinen Sohn, und aus dieser Liebe heraus wird er seinem Sohn irgendwann auch verzeihen können.

Die Wut gefährdet also unsere Liebe letztlich nicht. Deshalb können wir auch unsere Wut ausdrücken und ausleben mit dem sicheren Wissen, dass sich darin unsere Liebe noch einmal klarer herauskristallisiert.

Wie aus Wut Bitterkeit werden kann

Ganz anders verhält es sich mit der Bitterkeit. Die Wut, die im Trauerprozess entsteht, steht immer auch in der Gefahr, in eine Verbitterung und destruktive Wut abzugleiten. Ich kenne diese »Allmachtswut« sehr gut von mir selbst. Eine Zeitlang war ich auf alles und jedes, auf alle und jeden wütend. Manch einer hat diesen Zorn von mir ungerechtfertigt abbekommen und aushalten müssen. Erst allmählich merkte ich, dass ich damit auf dem besten Weg in eine alles vernichtende Bitterkeit war. Ich musste lernen, meinen Zorn zu mir zurückzunehmen und mich zu fragen, woher dieser Zorn kommt und wo er seine Berechtigung hat. Ich fühlte mich in meiner Wut im Recht, weil mir etwas unendlich Leidvolles angetan wurde. Allerdings – so habe ich erst allmählich verstanden – bin ich nicht berechtigt, auf alle und jedes meine Wut abzuladen.

Der berechtigte Zorn in der Trauer kann rasch sehr groß und »böse« werden. Mit »böse« meine ich, dass die Wut nun den Wunsch, alles zu vernichten, in sich trägt. Damit trägt sie den Tod in sich. Dabei habe ich als Trauernder in dieser Vernichtungswut ungewollt und unbewusst die Aggression des Todes, die ich an meinem geliebten Menschen erlebt habe, selbst übernommen. Was mir und meinem geliebten Menschen angetan wurde, das agiere ich nun selbst aus. Ich bin so böse mit der Welt, mit dem Leben und mit Gott, dass ich alles – wie der Tod auch – am liebsten vernichten würde. Sollte ich jedoch die übergroße Vernichtungswut in mir behalten, sie in mich hineindrücken und sie in mir sich festfressen lassen, entsteht die Verbitterung, die dem Leben und mir selbst jede Existenzberechtigung abspricht. Ich werde dann »böse« und verschlossen gegenüber dem Leben und mir selbst.

Das drückt der trauernde Vater im ersten Satz des Trauerdialoges aus. Wenn uns dies klar wird, können wir uns diese Vernichtungswut zugestehen. Ich kann mich verstehen, dass das unendlich große Leid in mir auch den unendlich großen Zorn und den Wunsch, alles zu zerstören, provoziert.

Wenn ich diese »böse« Vernichtungswut mir oder einem vertrauten Menschen gegenüber ausspreche, fasse ich sie in Worte und mache sie mir begreiflich. Damit nehme ich ihr die magische, allgewaltige Macht. Und dann wird auch die destruktiv ausgerichtete Energie frei, die in der verbitterten Wut und im Vernichtungswunsch gebunden ist. Ich kann mich entscheiden, die Energie für meine Liebe zum Verstorbenen einzusetzen. Statt zu zerstören, will ich lieben, und zwar mit aller Kraft. Ich will meine psychischen Energien auf meinen geliebten Menschen richten und konzentrieren. Der Tod und die Abwesenheit des Verstorbenen erfordert von mir diese Kraft, die mir hilft, die innere Verbundenheit zu meinem geliebten Menschen über den Tod hinweg zu halten.

In der Bitterkeit halten wir die Trauer fest

Wenn ich zornig, aggressiv und vorwurfsvoll bin, spüre ich nur die geballte Wut, nicht mehr meine Trauer. Ich bin nun nicht mehr wie in der Trauer ohnmächtig, weich und verletzbar, sondern bin in der verbitterten Wut hart, scheinbar stark. Meine Trauer scheint es dann nicht mehr zu geben. Die bittere Wut hilft mir also, mich gegenüber der Trauer zu verschließen. Dieser Weg, die eigene Trauer über die Bitterkeit zu verdrängen, ist eher eine Strategie von Männern, besonders bei denen, die in ihrem Lebensskript die Härte und Stärke gegen sich und andere entwickelt haben. Die Verbitterung tritt an die Stelle der Trauer und wird so oft zum Ersatz für meinen Schmerz. Ich muss den Trauerschmerz nicht mehr unmittelbar fühlen, sondern kann selbst aggressiv, vorwurfsvoll und bitterböse gegen das Leben sein. Ich verschließe mich dabei gegenüber dem Leben, aber auch gegen meine Trauer. Da meine Trauer sich aber nicht einfach auflöst, schließe ich sie hinter meiner Bitterkeit weg. Die Bitterkeit wird zu einer dicken Stahltür, hinter der die Trauer weggesperrt und scheinbar verschwunden ist. Doch dabei bleibt sie in meinem Körper, und so hält meine Verbitterung unbemerkt und auf verschlungenen Wegen die Trauer fest.

Die Bitterkeit sollten Trauernde deshalb als Hinweis verstehen, sich wieder der Trauer zuzuwenden und ihr wieder mehr Raum zu geben. Wir sollten uns dann bewusst mit dem Verlust und der Abwesenheit unseres geliebten Menschen konfrontieren und darüber neu unseren Schmerz und unsere Trauer erleben. Unsere Bitterkeit kann sich nun von innen her und in das erneute Erleben der Trauer auflösen. Wir werden dabei von innen her wieder weich. Nur in diesem Weichwerden können wir uns wieder öffnen – gegenüber dem Leben, das auf uns wartet, und gegenüber der Liebe zum Verstorbenen.

Wie die Bitterkeit schwindet und ihre Kraft meine Liebe zu dir stärkt

Die Bitterkeit verschließt sich gegenüber dem Geschmack des Lebens und taucht alles in einen bitteren, galligen Ton, auch das Süße und das Helle, das es auch nach dem Tod unseres geliebten Menschen weiterhin gibt. Natürlich können wir das am Beginn der Trauer nicht sehen, geschweige denn leben und genießen. Anfangs können wir das Leben nicht mehr lieben – nur eines können wir lieben, nämlich unseren geliebten Menschen. Auf lange Sicht verbietet uns die Bitterkeit das Leben. Unsere Bitterkeit gegenüber dem Leben und damit gegenüber der Liebe breitet sich unmerklich aus und vergällt auch unsere Liebe zum Verstorben. Die Galle der Bitterkeit durchdringt unsere ganze Person und irgendwann auch unsere Liebe. Diese ist dann – so habe ich es jedenfalls selbst erlebt – nicht mehr »rein«, nicht mehr strahlend. Auch die Liebe zum Verstorbenen wird verbissen, weil sie nur noch ein Ziel der Liebe kennt, nämlich den geliebten Menschen. Unsere Liebe wird dann eng und verkrampft. Sie klammert sich nur noch an den Verstorbenen und erstickt sich dabei zunehmend selbst. Und das ist das Letzte, was wir als liebende Trauernde wollen. Wir wollen eine zugewandte Liebe, die im Geist der Freiheit lebt. Also geht es darum, dass wir unsere Verbitterung und unsere schon eingeengte Liebe wieder *weit* werden lassen. Auch der Verstorbene will, dass wir unsere Liebe wieder öffnen, nicht nur für ihn, sondern für das Ganze. Nicht nur uns, sondern auch ihm zuliebe können wir unsere geballte Faust und unser verkrampftes Herz öffnen. Anfangs vielleicht nur zähneknirschend und nur ein winziges Stück gegen den Widerstand der Bitternis in unserem Herzen. Aber sobald der kleinste Windzug der Freiheit uns in unserem Inneren berührt, wird unsere Liebe wieder für das ganze Leben geöffnet und bereit. Auch der Verstorbene wird dann in unserem Herzen und vor unserem inneren Auge wieder leicht und hell spürbar und sichtbar sein.

- Prüfen Sie, in welchen Situationen Sie oft scheinbar grundlos empört, wütend, zornig und aggressiv werden. Ist diese Wut etwas Befreiendes, oder erleben Sie sie als verbissen, bohrend, festgefressen und mit einem bitteren Beigeschmack? Würden Sie gerne alles in Stücke schlagen und alles grundlos zerstören?
- Erlauben Sie sich zunächst diese Vernichtungswut und die Verbitterung und sagen Sie sich: »Es ist unendlich bitter, meinen geliebten Menschen zu verlieren.« Und fügen Sie dann hinzu: »Und doch möchte ich dir zuliebe nicht in der Bitterkeit stecken bleiben.«
- Spüren Sie die Kraft auf, die auch in der verbitterten Wut liegt, und sagen Sie zu ihr: »Ich nehme die Kraft in meiner Bitterkeit und in meiner Wut wahr. Ich will meine festgehaltene Wut und meinen festgehaltenen Zorn als Kraft spüren. Diese Kraft hilft mir, meine Bitterkeit zu überwinden.«
- Stellen Sie sich nun Ihre bittere Aggression oder Ihre wütende Bitterkeit als geballte Faust vor. Sie können auch real Ihre Fäuste ballen und in sie Ihre Bitterkeit hineinfließen lassen. Dann öffnen Sie langsam die Fäuste – real oder imaginativ – und sagen Sie zu sich: »Ich möchte mich in meiner Bitterkeit und abgrundtiefen Wut langsam öffnen. Ich spüre und lasse nun wieder meinen Schmerz und meine Trauer zu. Dabei werde ich weich und offen für die Liebe.«
- Spüren Sie Ihre Liebe, die sich aus der sich öffnenden Bitterkeit heraus entwickelt, und sagen Sie: »Meine Liebe zu meinem geliebten Menschen will ganz sein. Dazu gehört, dass sie sich wieder allmählich für das ganze Leben öffnet.«

Teil II
Wie ich meine Trauer gehen lassen kann – und meine Liebe zu dir bleibt

Nähe des Geliebten

Ich denke dein, wenn mir der Sonne Schimmer
    Vom Meere strahlt;
Ich denke dein, wenn sich des Mondes Flimmer
    In Quellen malt.

Ich sehe dich, wenn auf dem fernen Wege
    Der Staub sich hebt;
In tiefer Nacht, wenn auf dem schmalen Stege
    Der Wandrer bebt.

Ich höre dich, wenn dort mit dumpfem Rauschen
    Die Welle steigt;
Im stillen Haine geh ich oft zu lauschen.
    Wenn alles schweigt.

Ich bin bei dir, du seist auch noch so ferne,
    Du bist mir nah!
Die Sonne sinkt, bald leuchten mir die Sterne.
    O wärst du da!

Johann Wolfgang von Goethe

Wann können wir *die Trauer* gehen lassen? Dazu ist die Lösung zweier Aufgaben nötig. Die erste Aufgabe der Trauer liegt darin, für unseren geliebten Menschen einen sicheren Platz zu finden. Wir können dann die Trauer gehen lassen, wenn wir sicher sind, dass der geliebte Mensch uns nicht verloren geht, sondern an seinem ihm eigenen Ort sicher existiert. Die Liebe, die von der Trauer wachgerufen wird, lässt den geliebten Menschen an seinem sicheren Ort und damit in unserer inneren Realität weiterleben. Über diesen sicheren Ort haben wir Zugang zu unserem geliebten Menschen. Wir sind in einer inneren Beziehung zu ihm, und damit ist er auch in unserem eigenen Inneren zu Hause, obwohl er im Äußeren abwesend bleibt und nicht mehr kommen wird.

Wenn wir diese Gewissheit haben, können wir allmählich auch realisieren, dass unser geliebter Mensch in unserer äußeren Realität nicht mehr da ist. Die Trauer hilft und zwingt uns, zu realisieren, dass der geliebte Menschen tatsächlich gestorben ist, nicht mehr lebt und nicht mehr kommen wird. Der Schmerz in der Trauer zeigt uns das immer wieder unerbittlich, bis wir mit dieser Realität leben können. Wenn die Trauer auch diese zweite Aufgabe – ich nenne sie die »Aufgabe der Realisierung« – erfüllt hat, dann kann sie gehen.

Es findet also ein doppelter Prozess in der Trauerarbeit statt: das Finden und Leben einer neuen, inneren Beziehung zum Verstorbenen und der schmerzliche Abschied vom Verstorbenen in unserer äußeren Realität. Kommt dieser doppelte Prozess zu einem vorläufigen Abschluss, erleben wir nicht nur einen gewissen Trost, sondern die *Trauer* hat so weit ihren wertvollen Dienst geleistet, dass sie sich zurückziehen kann. Die *Liebe* zum Verstorbenen aber darf bleiben.

Wir werden in diesem Abschnitt sehen, welche einzelnen Schritte in diesem zweifachen Prozess des Trauerweges nötig sind und wie wir diesen Prozess, in dem die *Trauer* gehen und die *Liebe* bleiben darf, unterstützen können.

1. Du bist geborgen an deinem sicheren Ort – und deshalb kann meine Trauer gehen

Trauernde: Ich frage mich immer wieder, wo mein Mann jetzt wohl ist.

Trauerbegleiter: Haben Sie selbst ein Gefühl oder einen Gedanke dazu?

Trauernde: Ich ahne es mehr, als dass ich es weiß.

Trauerbegleiter: Gut, dann folgen Sie jetzt Ihrer Ahnung. Wo sehen oder spüren Sie dann Ihren Mann?

Trauernde: Ich spüre ihn, wenn ich an die Berge denke, in denen wir oft gewandert sind.

Trauerbegleiter: Wenn Sie mögen, können Sie jetzt in Gedanken in die Berge gehen.

Die Trauernde schließt die Augen und ist einige Zeit ganz bei sich.

Trauernde: Ja, hier bin ich meinem Mann nahe.

Trauerbegleiter: Sagen Sie Ihrem Mann jetzt hier in den Bergen: »Hier bin ich dir nahe, weil du hier da bist.«

Trauernde schließt wieder die Augen.

Trauerbegleiter: Wie erleben Sie die Nähe?

Trauernde: Sehr intensiv. Ja, hier in den Bergen ist mein Mann.

Trauerbegleiter: Dann nehmen Sie das Bild von diesen Bergen ganz bewusst jetzt mit und sagen: »Hier in den Bergen werde ich dich immer finden.«

Die Trauernde nickt.

Trauerbegleiter: Wann immer Sie Ihrem Mann nahe sein wollen, können Sie in die Berge gehen und ihm dort begegnen.

Meine Trauer findet einen sicheren Ort für dich

Mit dem Tod verliere ich meinen geliebten Menschen. Er ist nicht mehr da, nicht mehr hier, nicht mehr bei mir. Als Gegenimpuls bricht die Frage auf: Wo bist du jetzt? Die Liebe zum Verstorbenen ist die innerste Kraft, diese Grundfrage in der Trauer zu beantworten und den Verstorbenen zu suchen. Trauerarbeit ist im Wesentlichen die Suche nach einem Ort für den Verstorbenen, an dem er aufgehoben und geborgen ist. Dieser in der Trauerliteratur gänzlich neue Gedanke ist der rote Faden in meinem ersten Trauerbuch »Meine Trauer wird dich finden – Ein neuer Ansatz in der Trauerarbeit.« Die Trauer und die Liebe in der Trauer finden einen oder mehrere sichere Orte für den Verstorbenen. Dies ist das Fundament für eine neue, innere Beziehung zum Verstorbenen. Hier an dieser Stelle sind die wichtigsten Orte im Überblick genannt, an denen Trauernde ihren Verstorbenen finden und ihn geborgen wissen. Näheres finden Sie in dem angegebenen Buch.

- **Konkrete Orte wie das Grab, das Zimmer des Verstorbenen oder die Unfallstelle**
  Das Grab ist das erste und wohl älteste Bild des sicheren Ortes, an dem der Verstorbene bewahrt ist. Der Grabstein schützt die Unverletzlichkeit des besonderen Ortes und sichert mit seiner Schwere die Ruhe des Toten, der in diesem Grab weilt. Andere konkrete Orte, die der Trauernde aufsuchen kann, sind Orte, die mit früheren intensiven Erfahrungen mit dem geliebten Menschen verbunden sind.

- **Erinnerungen**
  Das, was ich mit dem geliebten Menschen erlebt habe, kann mir niemand nehmen, auch nicht der Tod. Deshalb ist der Raum der Erinnerungen einer der sichersten Orte für den Verstorbenen. Hier finden wir den geliebten Menschen immer wieder und hier können wir ihn selbst aufsuchen. Trauerarbeit ist zentral auch Erinnerungsarbeit, in der wir unsere Erinnerungen bewahren und deshalb jederzeit wachrufen können.

- **Eigener Körper**
  In unserem Körper spüren wir nicht nur die Trauer um den geliebten Menschen, sondern auch seine Nähe und seine Präsenz. Wir können ihn weiterhin in uns spüren und in uns tragen. Viele Hinterbliebene erleben, dass sie den Verstorbenen in ihrem Herzen oder in der Brustgegend tragen. Dort bleiben sie aufs engste mit ihm verbunden.

- **Familie**
  Aus der Familientherapie wissen wir, dass zum Raum der Familie auch die wichtigen Verstorbenen gehören. Im Gespräch der Familienmitglieder, im Gedenken oder in Ritualen wie einem gemeinsamen Grabbesuch wird der Verstorbene in der Familie gegenwärtig und zugleich gewürdigt. Viele Familien haben eine »Gedenkecke« im Wohnzimmer mit Fotos und anderen Andenken an den Verstorbenen. An solchen Orten des Gedenkens und des Erinnerns bleibt der geliebte Mensch in der Familie präsent.

- **Orte in der Natur**
  Viele Trauernde finden ihren geliebten Menschen in der Natur. Der Himmel, die Erde, ein Stern oder Regenbogen sind solche Orte, über die sich der Trauernde mit dem Verstorbenen verbunden weiß.

- **Spirituelle Orte**
  Trauernde suchen entsprechend ihren religiösen Vorstellungen nach außerweltlichen Orten, an denen der Verstorbene für immer und ewig gehalten ist. Das können der Himmel, die haltende Hände Gottes, das ewige Licht der Liebe oder die Unendlichkeit sein.

Immer wieder werde ich gefragt, ob der sichere Ort nur ein *einziger* Ort sein darf. Aus meiner Erfahrung haben Hinterbliebene *mehrere* sichere Orte für ihren geliebten Menschen. Unsere Seele ist mit ihren bewussten und unbewussten Räumen ein unendlich großer und vielgestaltiger Kosmos, so dass in ihr viele Orte möglich und auch notwendig sind. Sichere Orte sind in den verschiedenen Dimensionen unserer Seele und äußeren Wirklichkeit angesiedelt: Orte im Inneren und Äußeren, in der Tiefe und in der Höhe, in der erlebbaren Nähe und in der gespürten Weite. Die sicheren Orte für unseren Verstorbenen sind in zugleich konkreten und symbolischen, diesseitigen und transzendenten, gegenwärtigen und zukünftigen Aspekten der Wirklichkeit angesiedelt. In jeder dieser unterschiedlichen Dimensionen sucht unsere Seele nach einem sicheren Ort für den geliebten Menschen. Sie findet entsprechend ihrer eigenen Struktur einen oder (!) mehrere Orte im Rahmen dieser Dimensionen. Und auch das andere gilt natürlich: Wenn ich einen einzigen, sehr klaren und sicheren Ort gefunden habe, dann ist dieser einzige Ort in seiner Prägnanz für mich richtig.

Ich bin mir gewiss, dass du an deinem sicheren Ort bist – und das tröstet mich

Unsere Seele braucht einen Ort für den geliebten Menschen. Unser Gehirn ist an das räumliche Denken gebunden. Wir selbst, unser Denken und unsere Beziehungen finden immer in räumlichen Bezügen und in räumlichen Dimensionen statt. Was keinen Ort hat, hat keine Wirklichkeit und keine Realität. Wenn wir für den Verstorbenen keinen Ort finden, verliert er auch seine Existenz in unserem Denken und Fühlen. Das Wissen um einen Ort lässt unseren geliebten Menschen weiterexistieren. Der sichere Ort garantiert die Existenz des geliebten Menschen in unserem Fühlen, Denken und Imaginieren. Deshalb ist das Finden eines sicheren Ortes für die Trauerarbeit so entscheidend.

Am Beginn des Trauerweges sind es häufig die *konkreten* Orte, an denen Trauernde ihren geliebten Menschen finden und ihm begegnen. Zu diesen Orten können wir gehen und dort in eine Kommunikation in Form des Dialoges oder inneren Gespräches mit dem Verstorbenen eintreten. Über längere Zeit entwickeln sich daraus Gesprächs- und Kommunikationsrituale. Mit solchen Ritualen wie beispielsweise der regelmäßige Grabbesuch wird die innere Beziehung zum Verstorbenen sicher und gewisser. Der Ort selbst wird zu einem Fixpunkt dieses Rituals.

Eine sechzigjährige Witwe geht immer wieder in das Waldstück zu einer Bank, auf der sie mit ihrem verstorbenen Mann oft saß und sich unterhielt. Sie setzt sich auf die Bank und spürt neben sich ihren Mann. Dann spricht sie mit ihm über die Dinge ihres Lebens, das sie nun ohne ihn zu leben hat. Anfangs redet sie laut mit ihrem Mann, allmählich wird der Austausch zu einem inneren Gespräch.

Die Erfahrung, dass der Verstorbene uns fern ist, lässt uns auch nach weit entfernt liegenden sicheren Orten wie dem Himmel, einem Stern oder religiös verstandenen Orten suchen. Solche Orte haben ebenso wie religiös verstandene Orte eine eigene Realität, die über die materielle Wirklichkeit hinausgeht. Zunehmend wird sich der Hinterbliebene der Existenz und Realität seines verstorbenen, geliebten Menschen sicherer. Es gibt keine Zweifel mehr an dieser eigenen Beziehungsrealität.

Dein sicherer Ort ist immer auch in mir – und du bist ganz sicher in mir

Die sicheren Orte sind nicht nur Orte, an denen der Verstorbene sicher geborgen ist, sondern es sind immer auch Begegnungsorte, über die wir dem geliebten Menschen nahe sein können. Mit jeder Begegnung an diesen Orten oder über diese Orte erleben wir den geliebten Menschen zugleich in uns. Wir spüren seine Nähe als Gefühl in uns, wir erleben die Liebe für ihn und die Trauer um ihn immer in uns und wir reden mit ihm aus uns heraus. Wie alle Gefühle sind diese Begegnungsgefühle psychosomatische Erfahrungen. Sie sind also sowohl psychisch als auch somatisch erfahrbar und hinterlassen psychische und somatische Spuren. Aus der Hirnforschung wissen wir, dass äußere und innere Beziehungserfahrungen in unserem »Fühlhirn« zu Bahnungen zwischen den Nervenzellen führen.

So nehmen wir den geliebten Menschen mehr und mehr in uns auf und umgekehrt wird er uns in unserem Inneren mehr und mehr bewusst. Wir sprechen hier von einer »Internalisierung« beziehungsweise vom Bewusstwerden einer schon immer stattgefundenen Internalisierung der Person des geliebten Menschen. Die wiederholten Begegnungserfahrungen mit dem geliebten Menschen bauen ein stabiles und tragfähiges Beziehungsnetz in uns auf, das den geliebten Menschen sicher in uns verankert.

Während wir im Trauerschmerz die Ferne und Abwesenheit des Verstorbenen erleben, erfahren wir in den Begegnungen die innere Verbundenheit mit dem geliebten Menschen.

Eine Mutter träumt von ihrem verstorbenen achtzehnjährigen Sohn Folgendes: Ich sehe meinen Sohn vor mir. Ich spüre, dass er weggehen will. »Bleib da«, sage ich zu ihm. Er erwidert: »Ich muss gehen.« Ich will ihn festhalten und sage noch einmal, dass er bleiben soll. Er sagt: »Ich gehe, ich bin doch immer bei dir.«

Hier wird deutlich, dass bei allem Weggehen des Verstorbenen ein nahes, inneres Bleiben möglich ist. Die eigene Seele und die Liebe werden zum sicheren Aufenthaltsort für den geliebten Menschen.

Deine sicheren Orte dürfen sich verändern – und du bleibst

Mit dem Fortschreiten des Trauerprozesses verändern sich auch die sicheren Orte für den Verstorbenen. Dies verunsichert oft Hinterbliebene. Aus meiner Erfahrung ist dies nicht nur ganz normal, sondern es ist ein wichtiger Entwicklungsprozess in der inneren Beziehung zum Verstorbenen. In diesem Prozess differenzieren sich unsere sicheren Orte. Sehr häufig verliert ein Ort an Bedeutung, dafür wird ein anderer Ort klarer und wichtiger. So werden die meisten konkreten Orte nicht mehr so wichtig, weil wir den geliebten Menschen allmählich stärker nach innen nehmen und in unserem seelischen Innenraum verankern und erleben. Der äußere sichere Ort wird nach innen verlegt und der eigene Leib und die eigene Seele werden nun zu einem sicheren Ort für den geliebten Menschen. Dieser Ort liegt nun noch näher am eigenen Erleben und ist jederzeit zugänglich.

Die weit entfernt liegenden sicheren Orte wie zum Beispiel der Himmel oder ein Stern gewinnen zunehmend einen transzendenten und symbolischen Charakter. Der sichere Ort wird für den Hinterbliebenen selbst zu einem Symbol. In ihm sind die Beziehungserfahrungen mit dem geliebten Menschen zusammengefasst und verdichtet. Es genügt, sich das Symbol zu vergegenwärtigen, dann ist die Beziehung zu dem geliebten Menschen ganz präsent.

Wie viele bedeutsame Symbole weisen auch die Symbole für die sicheren Orte über unsere konkrete Wirklichkeit hinaus. Sie stehen für eine größere und tiefere Wirklichkeit, auf die im Symbol hingedeutet und verwiesen wird. So wird zum Beispiel der ferne und doch noch konkrete Ort des Himmels für viele Hinterbliebene zum Bild für die »jenseitige«, ganz andere Welt, in der der geliebte Mensch lebt.

- Wie auch immer der sichere Ort für Ihren geliebten Menschen aussieht: Begeben Sie sich immer wieder zu ihm hin oder suchen sie ihn – wenn es ein innerer sicherer Ort ist – in Ihrer Vorstellung immer wieder auf. Erleben Sie dann den sicheren Ort intensiv oder stellen Sie sich ihn in allen Sinnesqualitäten vor und achten Sie dabei besonders auf Ihre Gefühle.
- Sie sind Ihrem geliebten Menschen über diesen sicheren Ort nahe. Sagen Sie Ihrem geliebten Menschen: »*Ich* will dir an deinem sicheren Ort nahe sein und ich wünsche mir, dass *du* mir nahe bist.«
- Nehmen Sie die Begegnung sehr bewusst wahr. Spüren Sie die tröstliche Nähe und Liebe als Ihre eigene innere Erfahrung und sagen Sie Ihrem geliebten Menschen: »Es ist gut, dich an deinem sicheren Ort zu wissen. Es ist gut, dich in der Begegnung immer wieder zu spüren. Es ist gut, die Beziehung zu dir zu leben.«
- Verankern Sie diese Begegnungserfahrung, indem Sie Ihre Hand auf die Körperregion legen, in der Sie die Nähe zu Ihrem geliebten Menschen spüren. Wenn Sie sich dann später hier absichtlich oder unabsichtlich berühren, wird Ihnen bewusst, dass Ihr Körper und die damit verbundene Seele ein sicherer innerer Ort für Ihren Verstorbenen sind.
- Falls Sie keinen äußeren sicheren Ort für Ihren geliebten Menschen haben, dann spüren Sie die Empfindun-

gen für Ihren geliebten Menschen ganz bewusst in der Körperregion, in der diese – oft auch ganz spontan – auftauchen. Und machen Sie sich dann klar, dass Ihr Körper oder auch Ihre Liebe ein sicherer Ort für Ihren geliebten Menschen geworden ist: »Ich spüre dich in mir und in meiner Liebe. Ich bewahre dich in meiner Liebe und du bist in ihr mir nahe.«

- Entdecken Sie, dass die Erfahrung und das Bild des sicheren Ortes für Ihren geliebten Menschen ganz selbstverständlich in Ihnen verankert sind. Der sichere Ort wird zunehmend zu einer selbstverständlichen Gewissheit. Oft genügt es dann, nur einen Moment an ihn zu denken. Sofort sind Sie in einer – vielleicht sehr kurzen – inneren Begegnung mit Ihrem geliebten Menschen. Sie können dies unterstützen, indem Sie sich ein Leitwort für den sicheren Ort wählen, wie zum Beispiel »Dein Stern« oder »In meinem Herzen«. Es genügt dann, an dieses Stichwort zu denken oder es leise zu sprechen, um die innere Verbindung zu Ihrem geliebten Menschen zu spüren.

- Je selbstverständlicher für Sie das innere Beziehungsleben mit ihrem geliebten Menschen wird, umso deutlicher werden Sie wahrnehmen, wie die Trauer milder wird und in den Hintergrund tritt.

- Es wird Ihnen zunehmend gelingen, den Fokus Ihrer Aufmerksamkeit von der Trauer wegzunehmen und ihn bewusst auf Ihren geliebten Menschen und die Beziehung zu ihm zu richten.

2. Wie ich das Festhalten meiner Trauer lösen kann – und ich dennoch mit dir verbunden bleibe

Trauernde: Ich kann mir gar nicht vorstellen, ohne meine Trauer zu sein.

Trauerbegleiter: Das hört sich auch ein wenig so an, als brauchten Sie Ihre Trauer noch – wenn ich das so sagen darf.

Trauernde überlegt und lächelt: Ich will meine Trauer auch gar nicht hergeben.

Trauerbegleiter: Dann ist das jetzt so auch in Ordnung. Und zugleich wird es dann auch seinen Sinn haben.

Trauernde: Einen Sinn?

Trauerbegleiter: Ja, wir haben ja besprochen, dass der Tod Ihrer Tochter für Sie keinen Sinn hat. Die Trauer selbst aber durchaus.

Trauernde: Und Sie meinen, deshalb brauche ich meine Trauer?

Trauerbegleiter: Vermutlich haben Sie gute Gründe, Ihre Trauer nicht gehen zu lassen, obwohl die Trauer selbst vielleicht bereit wäre, zu gehen.

Trauernde: Sie haben Recht. Ich halte meine Trauer fest.

Trauerbegleiterin: Und das hat wohl seinen Sinn! Und solange es einen Sinn hat, sollten Sie auch Ihre Trauer festhalten.

Wie ich meine Trauer festhalte – gibt es eine pathologische Trauer?

Auch wenn sich unsere Trauer über die Zeit hinweg verändert, gibt es eine Seite in uns, die die Trauer festhalten will, manchmal ganz bewusst, oft aber eher unbewusst. Sehr häufig haben wir uns an die Trauer als Normalität gewöhnt. Sie wurde zu einem selbstverständlichen Teil unseres Lebens, obwohl wir immer auch an ihr leiden. Manche Menschen scheinen ihre Trauer auch so intensiv und über lange Zeit festzuhalten, dass sie in ihrer Lebendigkeit und in ihrer Rückkehr zum Leben blockiert sind.

In der üblichen Trauerliteratur wird dieses Problem unter der Überschrift »Pathologische Trauer« diskutiert. Ich halte diesen Begriff für falsch. Für mich ist die Trauer nicht pathologisch, weil sie immer eine konstruktive und beziehungstiftende Aufgabe hat. Die Trauer ist zwar ein schmerzliches, aber nie ein pathologisches, sondern letztlich immer ein heilsames Gefühl. Manchmal aber halten wir die Trauer auch dann noch fest, wenn sie ihre heilsame Arbeit in unserer Seele schon *getan* hat. Dies kann dann durchaus pathologische, sprich »krankhafte« Züge in sich tragen. Mit »pathologisch« meine ich, dass mich dann die Trauer an meinem eigenen Leben hindert und die innere Beziehung zum Verstorbenen nicht wirklich nahe und frei ist.

Was sind nun Zeichen dafür, dass wir die Trauer über Gebühr festhalten? Für manche Menschen bleiben die Trauer und der Verlust über lange Zeit – über mehr als drei oder vier Jahre – das Hauptthema und Grundgefühl ihres Lebens. Andere Gefühle wie eine kleine Freude oder auch eine »Pause« von der Trauer sind dann nicht möglich. Oft sind konstruktive, dem Leben dienende Fähigkeiten – wie auf andere Menschen zuzugehen oder etwas Neues anzupacken – sehr eingeschränkt oder fast gänzlich verloren gegangen. Dies hat dann schon depressive Züge, die man wissenschaftlich – und das ist dann der bessere Begriff als der der pathologischen Trauer – als »reaktive Depression« bezeichnet. Diese Form der Depression ist eine Reaktion auf einen Verlust, die über die eigentliche Trauer hinausgeht. Aus dem Vermissen des geliebten Menschen wird dann eine unendlich scheinende Leere, aus der Trauerschwere wird eine massive, alles umfassende Lähmung, aus dem Verlassenwerden entsteht eine Einsamkeit und ein Isoliertsein – kurz: aus der Trauer entwickelt sich ein eigener depressiver Zustand, der nicht mehr Trauer genannt werden kann. Hier ist dringend eine psychotherapeutische, nicht selten auch eine medikamentöse Behandlung mit Antidepressiva anzuraten.

Da das Festhalten an der Trauer meist unbewusst geschieht, halten manche Trauernde ihre Trauer körperlich fest. Die Trauer ist dann scheinbar weitgehend verschwunden, zeigt sich aber in Form von Migräne, Rückenschmerzen oder Atem- und Herzbeschwerden. Wenn wir seit unserem Verlust länger an solchen Symptomen leiden, sollten wir in Erwägung ziehen, dass diese Beschwerden eine Form des Festhaltens an der Trauer sind.

Manchmal halten Trauernde auch an Gegenständen, die dem Verstorbenen gehören, sehr lange fest. Sie können auch nach fünf oder sechs Jahren nicht den Kleiderschrank oder das Zimmer des Verstorbenen ausräumen oder verändern. Das muss nicht ein Zeichen eines Festhaltens sein, zumal wir bestimmte Erinnerungsstücke wie Fotos oder ganz besonders wichtige Gegenstände für immer behalten werden. Es gibt also keinen Zwang, die Dinge des Verstorbenen wegzugeben. Mit der Zeit werden wir eine Auswahl treffen: Manche Gegenstände können wir dann leichten Herzens weggeben, manche werden wir als wertvolle Erinnerung behalten wollen. Wenn Trauernden diese Auswahl nicht gelingt oder das Festhalten an den Gegenständen damit einhergeht, dass Trauernde auch sonst in ihrem Leben kaum oder nichts mehr verändern, könnte das ein Hinweis darauf sein, dass sie im Festhalten der Trauer erstarrt sind.

Wozu ich meine Trauer festhalten muss

Es gibt viele Gründe, die Trauer festzuhalten. Darin liegt zunächst nichts Pathologisches oder Verwerfliches. Im Gegenteil: Unsere Seele hat ihre wichtigen und guten Gründe, die Trauer sehr lange oder sehr intensiv zu bewahren. Mit fortschreitender Zeit sollten wir als Trauernde uns dann aber auf die Frage einlassen, welchen psychologischen *Sinn* dieses Beharren auf der Trauer hat. Wenn ich verstehe, warum ich die Trauer noch brauche, dann kann ich mich auch bewusster entscheiden, ob ich die Trauer noch eine gewisse Zeit behalten will und muss.

Es gibt Situationen, in denen auch die Entscheidung für eine dauerhafte Trauer angemessen ist. Eine 86-jährige Frau sagte mir ein Jahr nach dem Tod ihres Ehemannes: »Warum soll ich aufhören zu trauern, wie die Leute immer wieder sagen. Die Trauer um meinen Mann, das ist jetzt mein Leben und meine Aufgabe, bis ich dann zum ihm gehe.« Diese bewusste Entscheidung für eine lebenslange Trauer mit den entsprechenden Konsequenzen gilt es in Fällen wie diesen zu respektieren und mit Achtung anzuerkennen.

Der wichtigste Grund, die Trauer zu halten, der auch in diesem Beispiel anklingt, ist die *Verpflichtung* gegenüber dem Verstorbenen. Viele Trauernde erleben es als Verrat am geliebten Verstorbenen, wenn sie die Trauer loslassen. Wenn der Verstorbene zu früh oder schwer leidend sterben musste – wie kann es da mir wieder gut gehen oder wie kann ich mich gar wieder am Leben erfreuen? Diese Loyalität bindet die Hinterbliebenen an den Verstorbenen und umgekehrt hält der Hinterbliebene mit der Trauer auch weiterhin die Treue zum Verstorbenen. Die festgehaltene Trauer ist so Zeichen der Treue und der Liebe zum Verstorbenen.

Der Trauerschmerz hat auch den Sinn, immer wieder an den Verstorbenen zu erinnern, und stellt somit immer wieder die innere Verbindung zum Verstorbenen her. Trauernde haben dann beim Loslassen der Trauer die Angst, die Verbindung zum Verstorbenen zu verlieren. So wird die Trauer zu einem Faust- und Unterpfand, das ich nicht loslassen kann, will ich den geliebten Menschen nicht verlieren. Wir werden an späterer Stelle genauer sehen, wie wir diese Fragen in eine gute Lösung überführen können.

Nicht selten tritt die Trauer *an die Stelle* des Verstorbenen. Das Leben mit dem geliebten Menschen ist nicht mehr möglich, und nun kann die Trauer durchaus zu einer Stellvertreterin für den Verstorbenen und das Leben mit ihm werden. Die Trauer wird dann zu einer eigenen Person, die mich begleitet und paradoxerweise auch tröstet. Wenn ich dann die Trauer loslassen würde, bliebe eine Leere zurück, die ich nicht mehr – auch aus der eben beschriebenen Loyalität zum Verstorbenen – mit eigenem, neuem Leben füllen kann oder darf. Diese Einsicht, dass meine Trauer zum Ersatz werden kann, ist schwer auszuhalten, und manche sehen darin etwas Unerlaubtes oder Peinliches. Doch dafür braucht sich niemand zu schämen. Bei einem schweren Verlust greift unsere Seele nach jeder Möglichkeit, den Verlust auszugleichen, und sei es mit der Trauer selbst. Dies entwickelt sich meist auch ganz unmerklich und unbewusst, so dass Trauernde erst den Anstoß von außen brauchen, um dies zu bemerken.

Und schließlich gibt es noch zahlreiche sehr individuelle Gründe, auf der Trauer zu beharren. Sie haben meist wieder mit dem eigenen Lebensskript zu tun. Wenn ich mich durch den Tod beispielsweise bestraft fühle, könnte ich den unbewussten Gedanken hegen, dass ich noch nicht genügend bestraft bin und noch nicht lange genug gebüßt habe. Wenn mir mein Lebensskript sagt, dass ich an allem, was mir zustößt, schuldig bin, dann hält auch mein überdauerndes Schuldgefühl meine Trauer fest und umgekehrt sagt mir meine Traurigkeit, dass ich doch selbst den Tod meines geliebten Menschen mitverschuldet habe. Wenn ich den Skriptsatz in mir trage, dass es mir nicht gut gehen darf, dann erfüllt sich dieser Skriptsatz in der festgehaltenen Trauer. Diese Trauer wird dann zu einer lähmenden, alles überschattenden Traurigkeit, mit der es mir nicht gut gehen kann. Auch hier zeigt sich wieder, wie wichtig es ist, sich nach dem Tod eines geliebten Menschen mit dem eigenen Lebensskript auseinanderzusetzen und die destruktiven Skriptsätze zu verändern.

Nicht in der Trauer, sondern in der Liebe bleibe ich mit dir verbunden

Ich möchte noch einmal betonen, dass wir uns als Trauernde das Festhalten an der Trauer nicht vorwerfen sollten. Wir sollten wohl aber verstehen, welcher Sinn dieses Beharren auf der Trauer hat. Die Schlüsselfrage für dieses Verstehen heißt: »Wozu brauche ich die Trauer noch?« Und wenn ich dabei gute Gründe für ein Festhalten finde, dann erlaube ich mir, meine Trauer weiterhin in meiner Seele zu beherbergen. Ich muss sie nun nicht mehr klammernd festhalten, sondern kann sie freundlich bitten, noch länger zu bleiben. Mit der Bitte gebe ich meiner Trauer zugleich die Freiheit, selbst zu entscheiden, wann sie gehen will. Und wenn sie sich allmählich zurückzieht, dann ist es auch an der Zeit, sie gehen zu lassen, um dann nicht tatsächlich in eine destruktive, depressive Entwicklung zu geraten.

Wir haben im letzten Abschnitt gesehen, welche Gründe es für das Festhalten der Trauer gibt. Nun gilt es, das dahinterliegende Bedürfnis zu erspüren. Das wesentliche Bedürfnis ist es, in einer liebenden Beziehung zum Verstorbenen zu bleiben. Zunächst ist es die Trauer, die den Verstorbenen findet, und anfangs ist die Trauer eine Form der Liebe. Auf Dauer aber ist es *die Liebe selbst*, die die bleibende Beziehung zum Verstorbenen bewahrt, nicht mehr die Trauer an sich. Ich darf also in der Liebe zu meinem geliebten Menschen bleiben, die Trauer kann ich loslassen. Die Liebe zum Verstorbenen wird und kann mich *für immer* erfüllen, die Trauer tut das *vorübergehend*. Die Trauer sollte meinen seelischen Raum auf Dauer nicht so ausfüllen, dass darin meine Liebe einen eingeschränkten Platz hat. Auch deshalb darf ich meine Trauer gehen lassen, sobald sie ihre Arbeit getan hat. Nun kann sich unsere ganze Aufmerksamkeit auf die Liebe zum Verstorbenen richten. Die Trauer kann damit umgehen, weil sie weiß, dass sie eine wichtige, aber vorübergehende Aufgabe hat. Und wenn die Trauer sicher weiß, dass die Liebe nun ganz die Aufgabe, die innere Beziehung zum Verstorbenen zu leben, übernommen hat, dann kann sie von sich aus gehen. So gilt es auf dem Trauerweg zu lernen, immer mehr zu lieben und immer weniger zu trauern.

- Prüfen Sie sich, ob Sie Ihre Trauer festhalten oder ob Ihre Trauer ganz aus eigener innerer Notwendigkeit noch in Ihnen verweilen will.
- Wenn Sie entdecken, dass Sie es selbst sind, der die Trauer festhält, dann fragen Sie sich, welche guten Gründe es dafür gibt. Erlauben und akzeptieren Sie dann, dass Sie genau aus diesen Gründen Ihre Trauer noch länger brauchen, als die Trauer selbst es für ratsam hält, also zum Beispiel: »Ich brauche dich, meine Trauer, weil ich mich immer noch schuldig am Tod meines geliebten Menschen fühle.«.
- Überlegen Sie, ob das Festhalten Ihrer Trauer in Ihrem Trauer- oder Lebensskript begründet liegt. Wenn Sie dies bejahen, dann prüfen Sie für sich, ob dies nicht ein Anstoß sein könnte, Ihr Trauer- oder Lebensskript zu verändern.
- Versuchen Sie allmählich immer stärker, den Fokus Ihrer Aufmerksamkeit und Ihres Spürens auf die Liebe zu

Ihrem Verstorbenen zu richten, und sagen Sie sich: »Ich kann die Verbindung zur dir über meine Trauer halten oder über meine Liebe. Ich will dies mehr und mehr über meine Liebe tun.«

- Wenn Sie entdecken, dass Sie in Ihrem Festhalten der Trauer zugleich Ihre eigene Lebendigkeit und Ihr eigenes Leben einschränken, dann prüfen Sie, ob Sie das so wollen. Wenn Sie sich dafür entscheiden, dann tun Sie das ganz bewusst als Ihre Entscheidung: »Ich entscheide mich, mit dir, meiner Trauer, zu leben. Das ist in Ordnung und ich trage die Folgen davon.«

- Wenn Sie das Festhalten der Trauer verändern wollen, dann sagen Sie Ihrer Trauer: »Ich habe dich, meine Trauer, länger festgehalten, als du es selbst wolltest. Ich brauchte dich aus einem eigenen Bedürfnis. Nun bin ich bereit, dich, meine Trauer, loszulassen. Ich gebe dich frei, weil ich mein Bedürfnis verstanden habe und es ohne dich erfüllen kann.«

- Sollte Ihnen dieser Satz trotz Ihres Wunsches, die Trauer zu verabschieden, noch sehr schwerfallen, ist beraterische oder psychotherapeutische Hilfe anzuraten.

3. Dein Wunsch ist es, dass ich die Trauer gehen lasse – und das gibt mir die Freiheit, meine Trauer loszulassen

Trauernder: Manchmal geht es mir richtig gut, dann erschrecke ich, weil …

Trauerbegleiterin: Weil?

Trauernder: Weil es meiner Frau so schlecht erging und sie nicht mehr leben darf.

Trauerbegleiterin: Ja, und das ist für sich genommen auch traurig, und deshalb ist es auch gut, dass Sie lange traurig waren.

Trauernder: Und jetzt?

Trauerbegleiterin: Jetzt meldet sich in Ihnen eine Seite, die nicht mehr traurig sein will und die es Ihnen gut gehen lassen will.

Trauernder: Und wenn ich das merke, dann habe ich ein schlechtes Gewissen meiner Frau gegenüber.

Trauerbegleiterin: So als hätte Ihre Frau etwas dagegen, wenn es Ihnen nach langer Zeit wieder gut geht. Hat sie denn etwas dagegen?

Trauernder lächelt: Nein, natürlich nicht, im Gegenteil.

Trauerbegleiterin: Aber wie alle Männer wollen Sie nicht auf Ihre Frau hören.

Trauernder lacht: Doch, schon, aber…

Trauerbegleiterin: Ich mache Ihnen einen Vorschlag: Schließen Sie jetzt die Augen. Gehen Sie in sich in die Beziehung zu Ihrer Frau und fragen Sie sie, ob es tatsächlich in Ordnung ist, wenn es Ihnen jetzt wieder gut geht.

Trauernder schließt die Augen. Nach einer Weile nickt er und lächelt unmerklich.

Trauerbegleiterin: Und jetzt fragen Sie sie, was Sie dabei für Ihre Frau tun können.

Trauernder: Ich soll ihr erzählen, wie es mir dabei geht.

Trauerbegleiterin: … wenn es Ihnen *gut* geht!

Ist es ein Verrat an dir, wenn ich meine Trauer gehen lasse?

Am Beginn des Trauerweges ist unsere Trauer auch Ausdruck unseres intensiven Mitleidens mit dem Verstorbenen. Ich betrauere das, was ihm in seiner Krankheit, bei seinem Unfall oder seinem plötzlichen Tod zugestoßen ist. Ich bin bis in die letzten Zellen meines Körpers traurig, dass ihm das Leben mit allen seinen Möglichkeiten genommen wurde und er nicht mehr leben darf. Es geht mir in meiner Trauer auch ganz um ihn, ich selbst bin mit meinem Leben jetzt angesichts seines Todes völlig unwichtig. In meiner Trauer erleide ich an mir selbst den Tod meines geliebten Menschen und sein Unglück, dass er nicht mehr leben darf. Dieser Aspekt des Trauerns hat seine tiefe Berechtigung, fühle ich doch aus Liebe in der Identifikation mit meinem geliebten Menschen ganz mit ihm. Meine Trauer ist Abbild seines Unglücks. Und als Trauernder will ich Spiegel dieses Unglücks sein und bleiben. So kann ich meinem geliebten Menschen nahe sein, und so zeige ich mir, anderen und nicht zuletzt meinem geliebten Menschen, wie groß das Unglück ist, das ihn getroffen hat. In dieser Phase kann ich unmöglich meine Trauer gehen lassen. Dieser Schritt wäre für mich als Trauernden ein schlimmer Verrat: Ich wende mich von meinem geliebten Menschen ab, lasse ihn in seinem Unglück allein und kehre egoistisch, sozusagen ohne ihn, in das Leben zurück. Wir fühlen uns gegenüber unserem Verstorbenen in einer loyalen Bindung, die durch die Trauer geknüpft und zusammengeschweißt ist. Von uns aus als Trauernde können wir diese Bindung des trauernden Mitfühlens nicht lösen. Wir brauchen dafür nicht nur die Zustimmung, sondern die ausdrückliche Erlaubnis und Ermutigung des geliebten Menschen.

Du willst nicht, dass ich um deinetwillen zu lange trauere

Sterbende Menschen geben vor ihrem Tod ihren Angehörigen praktisch immer die Erlaubnis, dass diese nicht zu lange um sie trauern sollten. Sterbende ahnen schon etwas von der Freiheit der anderen Welt. Sie erleben ihr Sterben deshalb immer auch als

Befreiung vom Schweren der menschlichen Existenz in dieser Welt. Deshalb können sie mit größter Gelassenheit den Angehörigen erlauben, sich nicht mit der Trauer zu beschweren. Eine 50 Jahre alte Frau, die nach längerer Krebserkrankung stirbt, sagt ihrem Mann ausdrücklich, dass er sich noch einmal verlieben und in einer neuen Partnerschaft glücklich werden soll.

Schwieriger scheint es zu sein, wenn der geliebte Mensch aufgrund seines plötzlichen Ablebens keine Chance hatte, eine solche Erlaubnis auszusprechen. Hier kann der Trauernde in den inneren Dialog mit seinem geliebten Menschen gehen und hören, was dieser dem Hinterbliebenen für die Zeit nach seinem Tod wünscht. Hier erhält der Trauernde immer die klare Botschaft: Ich will nicht, dass du zu lange um mich trauerst. Lebe dein Leben und werde wieder glücklich.

Du erlaubst es mir, meine Trauer gehen zu lassen – und ich erlaube es mir auch

Auch wenn der Verstorbene die Erlaubnis gegeben hat, die Trauer loszulassen, ist beim Trauernden ein innerer Prozess erforderlich, um dies zu verwirklichen. Voraussetzung hierfür ist, dass die Trauer ihre wichtigsten Aufgaben erfüllt hat.

Dann kann ich als Trauernder noch einmal in das innere Gespräch mit meinem geliebten Menschen gehen und ihn ausdrücklich fragen, ob ich nun *von ihm aus* meine Trauer loslassen kann. Als Trauernder brauche ich hier die sichere Gewissheit, dass der geliebte Mensch es mir wirklich erlaubt. Das wird auch im obigen Trauerdialog deutlich.

Neben der Erlaubnis ist eine weitere Zusicherung des Verstorbenen nötig, nämlich die, dass es ihm an seinem sicheren Ort gut geht und er dort in einer leichten, beglückenden Freiheit lebt. Auch diese Zusicherung werden Trauernde im inneren Dialog mit dem geliebten Menschen immer erhalten. Wenn ich weiß, dass mein geliebter Mensch an seinem Ort leicht und frei lebt, kann ich zunächst die Schwere meiner Trauer gehen lassen. Und ich darf ohne Trauer leben, weil mein geliebter Mensch auf seine Weise an seinem Ort glücklich ist.

Und noch ein Letztes erleichtert es mir, meine Trauer loszulassen. Ich kann meine Trauer verabschieden, wenn ich weiß, dass sich mein geliebter Mensch darüber für mich freut. Ich kann den Schatten meiner Trauer davonziehen lassen, wenn ich dann das Aufleuchten im Gesicht meines geliebten Menschen sehe.

- Spüren Sie in Ihrer Trauer den Teil, in dem Sie traurig darüber sind, dass Ihr geliebter Mensch den Tod erleiden muss, und sagen Sie zu Ihrem geliebten Menschen: »Ich bin traurig um deinetwillen. Meine Trauer ist ein Spiegel deines Unglücks. Und diese Trauer ist für mich richtig, weil ich sie aus Liebe zu dir lebe.«
- Hören Sie immer wieder die Zusicherung Ihres geliebten Menschen, dass er sich freut, wenn Sie Ihre Trauer loslassen. Wenn Sie nicht ganz sicher sind, dann gehen Sie in den inneren Dialog mit Ihrem geliebten Mensch und fragen ihn danach.
- Wenn es Ihnen trotz der Erlaubnis und Ermutigung Ihres geliebten Menschen noch schwerfällt, Ihre Trauer ziehen zu lassen, dann sagen Sie zu Ihrem geliebten Menschen: »Ich höre deine Erlaubnis und glaube ihr. Dennoch fällt es mir jetzt noch schwer, meine Trauer gehen zu lassen. Vielleicht muss ich es mir selbst noch erlauben, vielleicht gibt es noch einen anderen Grund, meine Trauer festzuhalten. Lass mir noch ein wenig Zeit.«
- Wenn Sie die Erlaubnis und Ermutigung Ihres geliebten Menschen annehmen können, dann sagen Sie ihm: »Deine Erlaubnis, meine Trauer loszulassen, tut mir gut. Ich werde sie gehen lassen und schauen, ob sie von sich aus geht. Ich bin gespannt, wie sich ihr Gehen auf die Beziehung zu dir auswirkt.«
- Dann gehen Sie in einen inneren Dialog mit Ihrer Trauer und sagen ihr: »Ich muss dich nicht mehr aus Mitgefühl für meinen geliebten Menschen und aus der Loyalität zu ihm festhalten. Ich kann dich gehen lassen, wenn es keine anderen gegenteiligen Gründe gibt und

wenn du selbst gehen willst.« Achten Sie darauf, was in den nächsten Tagen geschieht. Vielleicht geht Ihre Trauer von sich aus, vielleicht ist es noch eine ausdrückliche Verabschiedung erforderlich, wie sie nun im Folgenden beschrieben wird.

4. Ich wünsche mir, dass meine Trauer geht – und meine Liebe zu dir leicht und frei werden darf

Trauernde: Oft denke ich, dass sich bei mir gar nichts verändert.

Trauerbegleiter: Sie meinen, dass Ihre Trauer gleich bleibt?

Trauernde: Genau!

Trauerbegleiter: Von außen bemerke ich über die Zeit hinweg durchaus Veränderungen. Vielleicht spüren Sie das im Inneren noch nicht.

Trauernde: Ja, ich fühle meine Trauer doch noch sehr.

Trauerbegleiter: Ich nehme wahr, dass Sie immer wieder lachen können und dass Ihre Kleidung heller geworden ist.

Trauernde: Stimmt – und trotzdem bin ich immer noch traurig.

Trauerbegleiter: Es stimmt wohl beides – Ihre Trauer und die Veränderung Ihrer Trauer. Und es wäre gut, wenn Sie sich auf beides einlassen: darauf, dass die Trauer noch da ist, und darauf, dass sie sich ganz langsam, in kleinsten Schritten verändert.

Trauernde: Vielleicht haben Sie Recht. Ich wage es gar nicht zu sagen, aber manchmal bin ich die Trauer einfach satt und will sie gar mehr nicht haben.

Trauerbegleiter: Ja, auch das könnte ein Zeichen sein, dass Sie sich in Ihrer Trauer verändern und auch verändern wollen.

Trauernde: Und was wird dann aus meinem Mann?

Trauerbegleiter: Sie meinen Ihre innere Beziehung zu Ihrem Mann?

Trauernde: Ja, meine Liebe zu ihm?

Trauerbegleiter: Die wird bleiben.

Ich will nicht mehr trauern – und ich will dich endlich ohne Trauer lieben

Es gibt im Trauerprozess einen wichtigen Zeitpunkt, den wir aufmerksam wahrnehmen sollten. In uns entstehen im Verlauf des Trauerprozesses ein Überdruss und ein Unwille gegen die Trauer, die sich in dem Satz ausdrücken: »Ich will nicht mehr trauern«. In diesem Überdruss liegen durchaus auch Trotz und rebellischer Widerstand gegen die Trauer. Manchmal erschrecken Trauernde über die Heftigkeit dieses Impulses.

Aber der Unwille und der ärgerliche Trotz zeigen, dass in uns nun auch die Seite wieder stärker wird, die leben will, und zwar leicht und unbeschwert. Das dürfen und können wir zulassen, wenn wir uns bewusstmachen, dass im trotzigen Unwillen ein berechtigter Wunsch liegt. Es ist der Wunsch, den Verstorbenen *ohne* Trauer zu lieben.

Der Trotz und der Widerstand gegen die Trauer ermöglichen es mir, meiner Trauer gegenüberzutreten und ihr auch energisch Einhalt zu gebieten. Der Trauernde entdeckt dabei zum ersten Mal, dass er auch stärker als seine Trauer sein kann, jedenfalls für kurze Zeit. Diese Erfahrung stellt einen wichtigen Wendepunkt im Trauerprozess dar. Natürlich geht es nicht um einen »Machtkampf« mit der Trauer, aber doch um das Wissen, dass ich nun zunehmend meiner Trauer Grenzen setzen kann und mich *entscheiden* kann, ob ich jetzt trauern will oder nicht. So wichtig die Trauer ist, so gut kann es tun, auch Zeiten ohne die Trauer zu haben und sich ganz bewusst aus der Trauer zu befreien. Wenn wir dabei unsere Trauer nicht ganz von uns schieben, wird sie bereit sein, sich auf unseren Wunsch nach trauerfreien Zeiten einzulassen. Sie bleibt wichtig und stark genug, sich im Auftrag ihrer Arbeit zu melden und sich wieder einzubringen. Der Trauernde spürt mit der Fähigkeit, seine Trauer aktiv beiseitestellen zu können, auch die Kraft des Lebens in sich. Diese Kraft signalisiert die Rückkehr der Lebendigkeit im Trauernden und bahnt den Weg, selbst wieder ins Leben zu gehen.

Meine Trauer verändert sich in meinem Inneren und in meinem Äußeren

Wenn Trauernde ihre Trauer nicht festhalten, verändert sich die Trauer ganz eigenständig. Je mehr sie ihre Arbeit in der Verlustsituation getan hat, desto mehr nimmt sie sich zurück. Anfangs geschieht das zeitweise, dann verlängern sich die Phasen, in denen die Trauer in den Hintergrund tritt. Unsere Aufmerksamkeit wendet sich immer öfter alltäglichen Pflichten und Dingen zu. Andere Gefühle wie Beruhigung, Zufriedenheit oder kleine Erfolgs- oder Freudeerlebnisse tauchen ganz zwanglos auf und werden häufiger. Das Zurücktreten der Trauer zeigt sich häufig auch in kleinen, für den Trauernden meist unbemerkt bleibenden Handlungen. Er lächelt und lacht vielleicht wieder, er erzählt ohne Trauer vom Verstorbenen, die Kleidung wird heller oder der Trauernde vergisst, regelmäßig zum Friedhof zu gehen.

Um besser und eindeutiger die Wandlung der Trauer zu spüren, hilft ein Blick auf den Verlauf der Trauer seit dem Tod des geliebten Menschen. Das ist einfach, wenn ich ein Tagebuch geführt oder mir andere Notizen gemacht habe. Wenn ich mich an die ersten Tage der Trauer, dann an die Trauer nach drei Monaten, nach einem halben und dann nach einem ganzen Jahr erinnere und die Erinnerungen nebeneinanderhalte, werde ich sehr große Unterscheide bemerken, die mir in meinem aktuellen Erleben nicht bewusst sind. Wir gewöhnen uns an den jeweiligen Gefühlszustand sehr schnell und schieben die schlimmsten Trauererfahrungen aus der Anfangszeit weg. Der vergleichende Blick zurück zeigt uns aber, wie sehr sich unsere Trauer und wir uns als Trauernde gewandelt haben.

Mir wird das immer wieder klar, wenn ich an den ersten Urlaub ein halbes Jahr nach dem Tod unseres Sohnes denke. Dieser Urlaub war entsetzlich traurig, ich stand neben mir und konnte weder die andalusische Küche schmecken noch die Landschaft wirklich sehen. Allein der Gedanke an diesen Urlaub lässt mich den Schmerz und die Trauer des ersten Trauerjahres wieder spüren. Und ich weiß dann spontan, dass ich in diese Gefühlslage nicht mehr zurückkehren will. Ganz ähnlich geht es mir, wenn ich an den ersten Geburtstag meines Sohnes nach seinem Tod oder an seinen ersten Todestag denke. Natürlich sind diese Tage auch heute noch schlimm, aber meine Trauer ist ein andere. Sie geht nicht mehr so tief und sie überschwemmt meine Person nicht mehr. Die lähmende Schwere und die erdrückende Enge der Trauer sind abgeflossen. Ich kann wieder leichter atmen, der Druck um mein Herz hat sich gelöst, mein Blick ist wieder weiter und offener. Die Veränderung der Trauer erlaubt es mir, bewusst und aktiv mit ihr umzugehen. Ich kann sie zulassen, sie aber auch wegstellen. Entscheidend hier ist – und das wird in der Trauerpsychologie nirgends beschrieben –, dass sich nicht nur *meine Trauer*, sondern auch *meine Beziehung zu ihr* verändert. Sie wird mir ein Gegenüber, das ich inzwischen schon sehr gut kenne. Ich kenne ihre Besonderheiten und kann mich darauf einstellen. Ich weiß, wann sie wieder vermehrt kommt und wann sie zeitweise geht. Ich weiß, wenn sie mich wieder ganz heftig packt und im Griff hat, und weiß, wie ich umgekehrt auch sie – wenigstens ein Stück weit – steuern kann. Ich entwickle eine bewusste Beziehung zu meiner Trauer, in der ich ihr manchmal freundschaftlich, manchmal ärgerlich und abwehrend verbunden bin.

Im Gehen der Trauer kann die Liebe zu dir leicht und heiter werden

So wichtig die Trauer in ihrer Arbeit ist, so sehr wirft sie doch auch einen Schatten auf unser Leben und auf die Liebe zum Verstorbenen. Dies ist die unvermeidliche »Nebenwirkung« der Trauer. Gegen Ende des Trauerprozesses werden die belastenden Nebenwirkungen im Vergleich zum Gewinn, den die Trauer erbringt, größer. Das ist der richtige Zeitpunkt, die Trauer gehen zu lassen und zu schauen, was unter dem Schatten der Trauer entstanden ist. Wenn sich der Schatten der Trauer lichtet oder die Eisschicht der Trauer allmählich wegschmilzt, kann unsere Liebe zum Verstorbenen eine neue Qualität gewinnen. Das Wegschmelzen der Trauer erlaubt es unserer Liebe zum Verstorbenen, leichter und lebendiger zu werden. Ist die Liebe in der schlimmsten Trauerzeit von schwerer, schmerzlicher Qualität, so kann sie jetzt ohne die Schwere und das Dunkle der Trauer unbeschwert und unbeschattet in das Licht unseres Bewusstseins treten.

Manche Trauernde befürchten, dass ihre Liebe dann an Ernsthaftigkeit und Verpflichtung verlieren könnte. Deshalb halten sie in ihrer Liebe oft noch die Trauer fest, die die Liebe schwer und bedeutsam macht. Aus meiner Erfahrung gibt es keinen Widerspruch zwischen der schweren, vom Verlust gezeichneten und der leichteren, heiteren Liebe zum Verstorbenen. Die Liebe aus der Schwere wird bleiben und hat ihre besondere Berechtigung, weil auch die Abwesenheit des geliebten Menschen bleiben wird. Wir brauchen die schwere Liebe, weil sie das bindende Fundament über lange, vielleicht immerwährende Zeit darstellt. Erst auf diesem Fundament kann sich unsere leichte, heitere Liebe zum geliebten Menschen entwickeln und leuchten. Die leichte Liebe atmet den Geist der Freiheit, den der Verstorbene und der Trauernde brauchen. Diese Liebe erlaubt es dem Hinterbliebenen, den Verstorbenen aus Freiheit zu lieben. Dann kann auch der Hinterbliebene in Freiheit zunehmend das eigene Leben wieder leben und doch mit dem geliebten Menschen verbunden bleiben.

- Spüren Sie immer wieder nach, ob es in Ihnen auch einen inneren Widerstand gegen die Trauer gibt, manchmal sogar einen Überdruss an der Trauer. Dann sagen Sie Ihrer Trauer: »Ich entdecke in mir eine andere Seite, die sich wünscht, dass du, meine Trauer, gehst. Das ist nicht gegen dich gerichtet, sondern es ist mein eigener Wunsch, wieder mehr Lebendigkeit in mir und Leichtigkeit im Leben zu entdecken.«
- Spüren Sie immer wieder nach, ob es in Ihnen den Wunsch nach neuer Lebendigkeit und Leichtigkeit gibt. Vielleicht entdecken Sie, dass Sie wieder lachen, dass Sie vor sich hinsingen oder dass Sie das Zusammensein mit anderen Menschen auch wieder genießen können – wenigstens ein Stück weit und wenigstens für eine begrenzte Zeit. Dann sagen Sie sich: »Ich spüre in mir wieder eine Lebendigkeit. Das ist in Ordnung, weil auch mein geliebter Mensch mir das wünscht. Und es ist in Ordnung, weil auch diese Wünsche zu mir gehören.«

- Schauen Sie zurück auf Ihre mächtige Anfangstrauer und sehen Sie, wie sich Ihre Trauer von damals bis heute verändert hat (vgl. untenstehende Imagination). Sie werden entdecken, dass sich Ihre Trauer zurückgenommen hat, dass sie leichter und heller wurde.

- Überlegen Sie, welchen »Gewinn« das Gehen der Trauer für Sie haben könnte. Vorausgesetzt, Sie müssen Ihre Trauer nicht mehr aufgrund Ihrer Loyalität zu Ihrem geliebten Menschen festhalten, werden Sie wissen, dass Ihr Leben wieder mit vielem anderen und nicht nur der Trauer erfüllt sein wird. Und Sie können auch ahnen, dass das sehr schön sein kann.

- Üben Sie immer wieder ein zeitweiliges Loslassen der Trauer. Stellen Sie Ihre Trauer einige Stunden oder auch für Tage zurück. Lassen Sie sie in Ihrer Vorstellung probehalber wie einen Vogel davonfliegen und prüfen Sie, wie sich diese »trauerlose« Zeit anfühlt. Sagen Sie dabei Ihrer Trauer: »Ich lasse dich probeweise gehen und für einige Zeit lebe ich ohne dich. Ich will prüfen, wie sich das Leben und meine Liebe zu meinem geliebten Menschen ohne dich anfühlen. Wenn wir uns dann endgültig verabschieden wollen, werden wir das gemeinsam gestalten.«

IMAGINATION

Ich sehe, wie du, meine Trauer, dich verändert hast

- Erinnern Sie sich an die Anfangszeiten Ihrer Trauer, an die intensiven Trauergefühle und daran, wie sehr Sie unter der Trauer gelitten haben. Vermutlich fällt Ihnen spontan ein Bild für diese Anfangstrauer ein. Schließen Sie jetzt Ihre Augen und lassen Sie ein Bild dieser Anfangstrauer vor Ihrem inneren Auge entstehen. Vielleicht ist für Sie diese Trauer ein schwerer schwarzer Stein, vielleicht ein dunkler Schatten oder ein tiefer Abgrund. Spüren Sie, wie dieses Bild der Trauer auf Sie jetzt noch einmal wirkt. Sagen Sie zu dieser

Trauer:»So groß und mächtig warst du, und das war in Ordnung. Deine Größe zeigte mir die Größe meines Verlustes.«

Dann schauen Sie Ihre Trauer in den späteren Phasen Ihres Trauerweges an. Wählen Sie zunächst die Zeit eines halben Jahres, dann eines ganzen Jahres, schließlich die Zeit von zwei und dann von drei Jahren nach dem Tod Ihres geliebten Menschen. Wenn Sie für die jeweilige Zeit jetzt das Bild Ihrer Trauer betrachten, dann werden Sie sehen, wie sich dieses Bild und Ihre Trauer verändert haben. Vielleicht wurde der Stein kleiner und heller, vielleicht hob sich der Schatten und ließ Licht durchdringen, vielleicht wurde im Abgrund ein haltender Boden sichtbar. Dann sagen Sie der veränderten Trauer:»Erst jetzt sehe ich, wie du dich verändert hast. Wir sind einen langen, gemeinsamen Weg gegangen. Wir haben uns in dieser Zeit beide entwickelt und verändert. Ich danke dir, dass du dich auf diese Veränderung eingelassen hast.«

Schließlich schauen Sie das Bild Ihrer Trauer in der heutigen Zeit an. Vielleicht sehen Sie, dass Ihre Trauer sich schon ein Stück aufgelöst hat, vielleicht auch, dass sie sich schon ein Stück von Ihnen entfernt hat. Dann sagen Sie Ihrer Trauer:»Ich sehe an deinen Veränderungen, dass du bereit bist zu gehen. Ich bin bereit, dich gehen zu lassen. Wenn du gehen willst, dann zeige mir das. Wir werden dann gemeinsam den Abschied gestalten.«

67

5. Ich verabschiede meine Trauer – und manchmal wird sie mich wieder besuchen

Trauernde: Meine Trauer tritt mehr und mehr in den Hintergrund.
Trauerbegleiter: Vielleicht ist es dann an der Zeit, Ihre Trauer zu verabschieden.
Trauernde: Meine Trauer? Wieso meine Trauer?
Trauerbegleiter: Ihre Trauer hat Sie seit dem Tod Ihrer Tochter lange begleitet.
Trauernde nickt.
Trauerbegleiter: Ihre Trauer war sehr schwer und doch hat sie viel für Sie getan.
Trauernde: Nein, das möchte ich so nicht noch einmal erleben.
Trauerbegleiter: Das glaube ich Ihnen. Und trotzdem sollten Sie Ihre Trauer nicht einfach mit einem Tritt vollends rauskicken. Das hätte sie nicht verdient.
Trauernde lächelt: Ja, inzwischen gehört sie zu mir.
Trauerbegleiter: Und doch geht sie immer öfter weg und lässt Sie alleine. Sie scheint gehen zu wollen.
Trauernde: Und Sie meinen, dann soll ich sie gehen lassen und anständig verabschieden?
Trauerbegleiter: Mhm, in Ehren verabschieden wie bei einer Entlassungsfeier.

Ich danke meiner Trauer – sie hat mir im Verlust die Liebe zu dir gezeigt

Wie kann ich jemandem danken, der mir so viel Ungemach, so viel Schwere und so viel Schmerz bereitet hat? Das ist wohl der erste und sehr verständliche Einwand gegen den Gedanken, der Trauer zu danken. Und doch war es nicht die Trauer selbst, sondern der Tod, der Verlust und die Abwesenheit des geliebten Menschen, die uns zutiefst getroffen haben. Die Trauer ist eine schmerzliche, aber letztlich heilsame Reaktion auf diesen unendlich schweren Schlag. Im Verlauf des Trauerprozesses lernen wir, zwischen dem eigentlichen *Auslöser* für unsere Trauer und der Trauer *als Reaktion* angesichts des Todes zu differenzieren. Diese Unterscheidung erlaubt es uns, die Trauer in ihrer Aufgabe zu verstehen. Nicht sie ist das Schlimme, sondern *der Tod*, auf den unsere Liebe zum Verstorbenen reagiert. Die Trauer ist die Reaktion unserer Liebe darauf, dass wir im Äußeren den Verstorbenen nicht mehr lieben dürfen, weil der Tod ihn uns entzogen hat. Die Trauer als Liebesreaktion angesichts des Verlustes hat ihre zentrale Aufgabe darin, den geliebten Verstorbenen zu finden, ihn in unsere Seele zu integrieren und die Liebe in Form einer inneren Beziehung zu leben. Dies ist angesichts der Vernichtungstat des Todes ein kreativer Schöpfungsakt. Wir sollten unserer Trauer dafür danken.

Im Dank geben wir das zurück, was wir durch eigene Leistung nie zurückgeben und ausgleichen könnten. Durch den Dank werden wir gegenüber dem, der gegeben hat, frei. Wir sind nicht mehr über eine offene Verpflichtung an ihn gebunden. Aber auch der Geber wird frei, weil er keinen Anspruch mehr hat, auf den er noch warten könnte. Die Trauer, die untrennbar mit uns verbunden schien, wird nun ein freies Gegenüber und ich werde ihr gegenüber frei. Unsere wechselseitige Bindung wird durch den Dank gelöst. So werden wir frei, unsere Trauer gehen zu lassen, und unsere Trauer wird frei, ebenfalls zu gehen. Nun können Trauernde ihre Trauer mit gutem Gewissen verabschieden.

Und jetzt verabschiede ich mich von meiner Trauer – und dabei spüre ich ein Aufatmen

Auf meinem Trauerweg wird meine Trauer zu einem Gegenüber, mit dem ich zunehmend besser umgehen kann. Ich kann ihr wie einem Aspekt meiner Person gegenübertreten, mit ihr reden und mit ihr verhandeln. Und ich kann mich auch bewusst von ihr verabschieden, allerdings nur mit ihrem Einverständnis. Die Trauer gibt mir viele Zeichen, dass sie bereit ist, sich von mir zu verabschieden und dass auch ich mich von ihr verabschieden darf.

Wenn wir zurückschauen, dann hat sich die mächtige Anfangstrauer über die Zeit hinweg schon verändert. Sie ist oft in den Hintergrund getreten, sie ist milder geworden und sie ist leichter geworden. Ich spüre nun auch, dass es bis zu ihrem Abschied nur ein kleiner Schritt ist.

Da der Ort meiner Trauer mein Körper ist, kann ich sie aus meinem Körper entlassen und spüren, wie mein Körper leicht wird. In der Regel bereitet sich das schon lange vor. Ich spüre, dass meine Trauer sich zunehmend auf eine kleine Körperregion zurückgezogen hat. Nun kann ich meine Trauer bewusst in dieser Region aufsuchen, mich innerlich vor ihr verneigen und sie gehen lassen. Dies ist Zeichen meines Respekts vor ihr, weil ich um ihre Bedeutung für meine innere Beziehung zu meinem geliebten Menschen weiß. Ich kann sie nun ausziehen lassen – mit einem weinenden und einem lachenden Auge. Ich bin immer noch unsicher, ob es jetzt der richtige Zeitpunkt ist, dass meine Trauer geht. Vielleicht bin ich auch betrübt, dass die schon zur gewohnten Bekannten gewordene Trauer nun nicht mehr da ist und auch eine Leere hinterlässt. Aber je genauer ich in mich hineinspüre, umso mehr werde ich entdecken, dass sich Erleichterung in mir breitmacht. Ich kann aufatmen, mein Atem wird leicht, meine Energie zirkuliert fließend in meinem Körper und mein Geist wird frei. Erst jetzt merke ich, wie sehr mich meine – nötige und wichtige – Trauer auch gedrückt und beschwert hat.

Das Wichtigste aber im Loslassen der Trauer ist, dass sich nun die Liebe zu meinem Verstorbenen in mir ganz ausbreiten kann. Es gibt in meinem Körper keinen Ort mehr, in der nicht meine Liebe sein könnte und sein soll.

Ich halte meiner Trauer die Türen offen – sie darf wieder kommen als bekannter Gast

Der Abschied von der Trauer ist kein endgültiger Abschied. Es wird vermutlich immer Situationen geben, in denen die Trauer wieder da ist. Das kann durch gänzlich unerwartete Erinnerungen oder durch einen äußeren Auslöser, der mit dem Verstorbenen assoziiert wird, geschehen. Eine Frau berichtet, dass sie zehn

Jahre nach dem Tod ihrer Tochter an einer Kirche vorbeikam, in der eine Hochzeit stattfand. Gleichsam magnetisch angezogen geht sie in die Kirche und sieht am Altar die ihr fremde Braut. Sie erkennt in ihr ihre verstorbene Tochter, die jetzt auch im heiratsfähigen Alter gewesen wäre. Tränen kommen der Mutter und weinend bleibt sie in einer dunklen Ecke der Kirche sitzen, bis sie nach dem Ende der Hochzeit mit ihrer Trauer allein sein kann.

Trauernde sollten bereit sein, ihrer Trauer die Tür ihrer Seele offen zu halten und die Trauer als bekannter, inzwischen vielleicht auch schon fremd gewordenen Gast zu begrüßen. Es hat dann immer einen Sinn, wenn uns die Trauer wieder besucht. Sie erinnert uns an unseren Verlust, der auch nach zwanzig oder dreißig Jahren nicht vorbei ist. In der *dauerhaften* Abwesenheit bleibt uns unser geliebter Mensch verloren. Die Trauer kann vorbeigehen, aber die Abwesenheit des Verstorbenen wird nie enden. Daran stößt sich unsere Liebe immer wieder und zeigt sich in einer – freilich oft nur kurzen – Wiederkehr der Trauer. Dabei nimmt die Trauer häufig die Gestalt der *Wehmut* an. Diese ist die feine, leise Schwester der Trauer nach langer Zeit. Wir sollten sie nicht übersehen, weil unsere Trauer uns wieder an den Verstorbenen erinnern will, damit wir ihn nicht im Vergessen verlieren. Deshalb sollten wir unsere Trauer oder die Wehmut bei ihren selten gewordenen Besuchen freundlich begrüßen und sie fragen, warum und wozu sie uns gerade jetzt aufsucht.

- Spüren Sie immer wieder in Ihren Körper. Sie werden entdecken, dass sich Ihre Trauer schon länger auf eine Körperregion zurückgezogen hat. Und Sie spüren auch, dass sie nun bereit ist, auch aus dieser Region zu gehen. Sie sagen ihr: »Ich spüre, dass du bereit bist zu gehen. Auch ich bin bereit, dich gehen zu lassen.«
- Bereiten Sie sich auf den Abschied vor wie auf eine Entlassungs- oder Abiturfeier. Ihnen ist ein wenig bang, zugleich sind sie freudig gespannt. Nehmen Sie sich ganz bewusst einen Abend, an dem Sie für diesen Abschied frei haben.
- Gestalten Sie nun den Abschied. Hierfür gibt es sehr

unterschiedliche Rituale. Sie könnten einen Abschiedbrief an Ihre Trauer schreiben und diesen ihr überreichen. Sie können ein Symbol für Ihre Trauer nehmen und dieses Symbol ganz bewusst weglegen oder außer Haus bringen. Sie könnten die folgende Imagination für Ihren Abschied von Ihrer Trauer nutzen.

- Spüren Sie in Ihren Körper und nehmen Sie wahr, wie Ihre Trauer aus Ihrem Körper auszieht, wie sie aus Ihrem Körper abfließt, wie sie wegfliegt. Bleiben Sie gut mit dieser Bewegung der Trauer aus Ihrem Körper verbunden und nehmen Sie wahr, wie Sie sich in Ihrem Körper ohne diesen Gast der Trauer fühlen. Sagen Sie sich: »Meine Trauer ist gegangen. Ich spüre und fühle mich leicht in meinem Körper.«

- Und nun spüren Sie, wie sich die Liebe zu Ihrem geliebten Menschen ganz in Ihrem Körper ausbreiten kann – ganz frei, alles durchfließend und alles erfüllend. Nehmen Sie es als spätes Glück nach einer langen dunklen Winterszeit. Sie sind am Ziel Ihrer Trauerreise angekommen. Jetzt können Sie Ihre Liebe zu Ihrem geliebten Menschen unbeschwert und ganz ausgefüllt erleben. Tun Sie das jetzt und sehen Sie, wie Ihnen Ihr geliebter Mensch dabei lachend zuschaut.

- Sagen Sie Ihrem geliebten Menschen: »Und nun kann ich dich ohne meine Trauer lieben. Ich habe keine Angst mehr, dich ohne meine Trauer zu verlieren. Im Gegenteil: Ich spüre, dass du mir nun ganz unmittelbar, ohne den Schatten der Trauer begegnen kannst. Das ist wunderschön, so leicht und heiter wie das flirrende Licht der Liebe.«

Noch einmal umarme ich meine Trauer und dann lasse ich sie gehen

- Schließen Sie noch einmal die Augen und stellen Sie sich Ihre Trauer, so wie Sie sie jetzt erleben, als eine Person vor. Vielleicht ist sie noch dunkel, vielleicht schwer und untersetzt, vielleicht schon kleiner und leichter. Dann verneigen Sie sich vor Ihrer Trauer und danken ihr für das, was sie für Sie getan hat: »Ich danke dir, meine Trauer, für alles, was du für mich getan hast. Oft habe ich mit dir gehadert, oft habe ich an dir gelitten. Und erst jetzt sehe ich, wer du für mich warst.«

  Dann umarmen Sie die Person Ihrer Trauer, halten Sie sie einen Augenblick fest und geben Sie sie dann frei. Sie blicken in ihre Augen und sagen zu ihr: »Jetzt kann ich dich gehen lassen und ich weiß, dass auch du bereit bist zu gehen. Manchmal werde ich dich wieder brauchen, dann darf ich dich rufen. Wenn du deinerseits mich besuchen willst, dann bist du mein Gast. Danke für alles und lebe wohl.« Vielleicht möchten Sie ihr noch ein Abschiedsgeschenk mitgeben, wie zum Beispiel ein Foto von Ihnen oder Ihrem geliebten Menschen. Dann überreichen Sie Ihrer Trauer jetzt dieses Geschenk und sagen ihr: »Es ist für dich. Es ist mein Dank für deine Begleitung im Verlust meines geliebten Menschen und für deine Arbeit.« Geben Sie Ihrer Trauer in jedem Fall einen Schlüssel für Ihre Wohnung oder Ihr Haus mit und sagen Sie der Trauer: »Das ist der Schlüssel zu mir. Wann immer du zu Besuch kommen magst, dann komme und öffne mit diesem Schlüssel die Tür zu mir. Auch wenn ich zuerst erschrecken mag, bist du willkommen. Ich weiß, dass du nur zu Besuch kommst, wenn es für mich und meinen geliebten Menschen nötig ist.«

  Vielleicht will Ihnen Ihre Trauer noch ein Abschiedsgeschenk geben, zum Beispiel einen kleinen dunklen Halbedelstein. Dann nehmen Sie dieses Abschiedsgeschenk mit folgenden Worten entgegen: »Ich nehme dieses Geschenk von dir, meine Trauer. Es wird mich an dich erinnern und mich immer wieder mit Dank erfüllen. Ich werde dich nie vergessen.«

Dann stellen Sie sich vor, wie die Person Ihrer Trauer die Wohnung, das Haus oder die Situation verlässt. Sie winken ihr nach. Die Trauerperson dreht sich noch einmal um. Dann wird sie kleiner und kleiner, bis sie ganz verschwindet.

Sie spüren nun in die Leere, die die Trauer hinterlässt. Vielleicht empfinden Sie ein leises Bedauern, dass sie gegangen ist. Doch bei längerem Hinspüren fühlen Sie eine Leichtigkeit in Ihrem Körper, die sie froh macht. Vielleicht spüren Sie den Impuls, sich zu schütteln, frei auszuschreiten oder nun Ihren geliebten Menschen in Ihrem frei gewordenen Inneren ganz zu spüren.

Teil III
Wie ich dich im Äußeren gehen lassen kann – und du in meinem Inneren bleibst

Dich

Dich nicht näher denken
und dich nicht weiter denken
dich denken wo du bist
weil du dort wirklich bist

Dich nicht älter denken
und dich nicht jünger denken
nicht größer nicht kleiner
nicht hitziger und nicht kälter

Dich denken und mich nach dir sehnen
dich sehen wollen
und dich liebhaben
so wie du wirklich bist

Erich Fried

Müssen wir auch den *geliebten Menschen* gehen lassen? Müssen wir ihn also doch verabschieden? Die Antwort ist eine zweifache: In der äußeren, alltäglich zu lebenden Realität müssen wir den geliebten Menschen verabschieden. In unserer inneren, psychischen Realität bleibt uns der geliebte Mensch nahe. Die beiden Antworten sind miteinander verbunden und verschränkt. Ich kann meinen geliebten Menschen im Äußeren nur gehen lassen, wenn er nicht ins Vergessen oder ins Nichts geht, sondern in meinem liebenden Erinnern aufgehoben ist. Ich kann meinen geliebten Menschen frei lassen, wenn ich weiß, dass es für ihn einen sicheren Ort gibt, an den er gehen wird, und dass er dort bleiben wird. Ich kann meinen geliebten Menschen im Äußeren verabschieden, weil ich weiß, dass er in meinem Inneren unauslöschlich da ist und ich mit ihm diese andere, nämlich innere Beziehung leben kann.

1. Ich lasse dich an deinen sicheren Ort gehen – und ich bleibe hier in meinem Leben

Trauernder: Alle sagen, man soll loslassen.

Trauerbegleiterin: Ja, das sagen immer noch viele. Was löst dieser Anspruch bei Ihnen aus?

Trauernder: Es wehrt sich etwas in mir, und zwar sehr.

Trauerbegleiterin: Ich möchte Sie einladen, jetzt diesem Impuls nachzugeben. Wohin führt er Sie?

Trauernder: Zu meiner Angst, meine Frau ganz zu verlieren.

Trauerbegleiterin: Ganz zu verlieren? Was meinen Sie damit?

Trauernder: Eigentlich kann ich sie doch gar nicht verlieren. Und ich will es auch nicht. Sie ist hier bei mir. (*Er legt seine Hand auf seine Brust.*)

Trauerbegleiterin: Und hier möchten Sie Ihre Frau bewahren!? (*Trauerbegleiterin legt ihre Hand auf ihre eigene Brust.*)

Der Trauernde nickt. Ihm treten Tränen in die Augen.

Trauerbegleiterin: Ja, dann ist diese Stelle hier ein Ort, an dem Sie und Ihre Seele Ihre Frau in sich tragen und halten, obwohl sie in der äußeren Realität nicht mehr da ist.

Ich lasse dich aus dieser Wirklichkeit an deinen Ort gehen – und es fällt mir unendlich schwer

Als Trauernder wünsche ich nichts so sehr, als dass der geliebte Mensch wieder bei mir ist, als dass ich ihn in die Arme nehmen und ihn wieder spüren darf. Doch der Tod hat ihn mir aus den Armen gerissen, weg- und fortgenommen. In meiner konkreten Realität, in der äußeren Wirklichkeit muss ich allmählich realisieren, dass mein geliebter Mensch nicht mehr da ist und auch nicht mehr kommen wird. Abschiednehmen heißt, dass ich dieses Nicht-mehr-Da und Nie-mehr-Kommen als die äußere Realität anerkennen muss. Ich nenne diesen Teil der Trauerarbeit »Realisierungsarbeit«.

Eine Frau, die ihren Partner verloren hat, träumt: Mein Mann liegt sterbend auf dem Krankenbett. Ich sage zu ihm: »Du darfst nicht sterben.« Der dabeistehende Arzt hat keine Hoffnung mehr. Ich sage noch einmal: »Du darfst nicht sterben. Wir brauchen dich doch hier.« Dann stirbt mein Mann doch.

Diese Frau braucht ihren Mann, nicht nur weil sie ihn liebt, sondern weil er das gemeinsame Leben organisiert und gestaltet. Doch ihr verständlicher Wunsch bleibt ungehört. Die Trauer macht uns schmerzlich bewusst: Ich muss akzeptieren, dass ich den geliebten Menschen zwar herbeiwünschen kann, dass dieser Wunsch aber ungehört bleibt und bleiben wird. Ich muss also der Bewegung des Weggehens zustimmen. Weggehen lassen kann ich nur, wenn ich weiß, wohin ich den geliebten Menschen gehen lassen kann, nämlich an seinen sicheren Ort. Das Weggehenlassen ist unendlich schmerzlich, weil ich dann sein Fehlen hier in der äußeren Realität schmerzlich erleben muss. Das Wissen um den Ziel- und Bestimmungsort dieses Weggehens kann den Schmerz nicht aufwiegen, und doch kann es zunehmend als Trost erlebt werden. Auf unserem Trauerweg wird die tröstliche Wirkung des Wissens um den sicheren Ort zunehmend stärker, der Schmerz um das Weggehen und das Wegsein des geliebten Menschen nimmt langsam ab. Die Erfahrung der inneren Präsenz des geliebten Menschen kann die Erfahrung der realen Ferne und Abwesenheit nicht aufwiegen. Doch wird die Erfahrung der inneren Präsenz immer stärker gegenüber der Erfahrung der Ferne und Abwesenheit.

Loslassen heißt dort lassen – ich lasse dich an deinem Ort da-sein

Was heißt eigentlich »loslassen«? Die in der Trauerliteratur viel beschworene Aufgabe des Loslassens bleibt fast immer unklar, weil die entscheidende Frage nicht gestellt, geschweige denn beantwortet wird. Die zentrale Frage hieße nämlich: *Wohin* soll ich meinen geliebten Menschen loslassen? Solange der Trauernde diese Frage nicht beantworten kann, erlebt er das Loslassen als ein

Loslassen ins Vergessen oder ins Nichts. Dagegen wehren sich Trauernde zu Recht, wollen sie doch ihren geliebten Menschen mindestens in der Erinnerung behalten. Die Liebe in der Trauer will jedoch meist viel mehr. Sie will, dass der geliebte Mensch als Person und inneres Gegenüber gerettet und gehalten bleibt. Das Finden eines sicheren Ortes gibt Antwort auf die Frage, wohin wir den geliebten Menschen loslassen und gehen lassen können.

Eine siebzigjährige Frau verliert ihren fast vierzigjährigen Sohn, der völlig überraschend an Herzversagen stirbt. Sie beginnt eine Psychotherapie, die ihr hilft, ihre Trauer auszudrücken. Doch dann bricht sie die Therapie ab, weil die Therapeutin ihr indirekt und direkt signalisiert, sie solle allmählich ihren Sohn loslassen. Sie sagt dazu: »Ich will doch meinen Sohn nicht ein zweites Mal verlieren.« Der äußere Verlust ist für sie traurig genug. Der Impuls zum Loslassen beschwört für sie die Gefahr herauf, ihren Sohn auch nun in ihrer Seele zu verlieren. Erst als sie für ihren Sohn einen sicheren Ort findet, kann sie seine reale, äußere Abwesenheit allmählich anerkennen. Sie kann ihren Sohn auch an seinen sicheren Ort gehen lassen und ihn dort lassen.

Das Loslassen wird nun zu einem Dort-hingehen-Lassen an den sicheren Ort und zu einem Dort-Lassen am sicheren Ort. Ich kann den geliebten Menschen *dort sein lassen* und ihn an seinem sicheren Ort *da sein lassen*. Damit ist auch gemeint, dass mein geliebter Mensch dort ein eigenes, sein neues Da-Sein hat. Er ist zwar ferne, aber an seinem Ort da und damit an seinem sicheren Ort existent.

Ich bleibe in meinem Da-Sein zurück – und du blickst liebend auf mich

Wenn Trauernde ihren geliebten Menschen an seinem Ort sein lassen können, wird ihnen bewusst, dass sie ohne ihn zurückbleiben. Das löst noch einmal Trauer aus, weil erst jetzt ganz deutlich wird, dass das eigene Dasein ein Dasein eines Zurückgebliebenen ist und bleiben wird. Ich bin da, aber ohne dich. Mein Da-Sein ist immer ein äußeres Weg-Sein vom geliebten Menschen. Das Missen und Sehnen zieht auch den Trauernden immer wieder zum geliebten Menschen. Dabei spürt der Trauernde, dass er gegen seinen Wunsch, beim geliebten Mensch zu sein, hier bleiben muss. Die Hinterbliebenen müssen lernen, dieses eigene Da-Sein ohne den geliebten Menschen zu akzeptieren. Es dauert lange, bis Hinterbliebene sagen könne: »Ich bleibe hier. Das ist mein Leben und ich will es hier leben.« Vielen Trauernden hilft der Gedanke, dass der Verstorbene wohlwollend auf sie herabblickt. Damit ist mein Leben als Hinterbliebener zunächst vom Verstorbenen akzeptiert. Allmählich kann ich das als Trauernder nachvollziehen: Ich kann und darf hier bleiben, weil mein geliebter Mensch es nicht nur für richtig hält, sondern mir wünscht, dass ich dieses Leben hier gut und irgendwann auch wieder glücklich leben kann.

Du sagst: »Mir geht es hier gut!« – und so kann ich dich allmählich gut dort sein lassen

Der sichere Ort hat noch eine andere Bedeutung, die sich mehr und mehr entfaltet. Am sicheren Ort ist der geliebte Mensch nicht einfach nur existent, vielmehr ist der sichere Ort immer auch ein guter und heilsamer Ort für den Verstorbenen. Viele Trauernde können aus ihrem inneren Wissen heraus sagen, dass es dem Verstorbenen an seinem Ort gut geht. Die im Dialog mit dem geliebten Menschen geäußerte Sorge oder Frage, wie es dem geliebten Verstorbenen geht, wird durchweg mit: »Mir geht es hier, an meinem Ort, in meiner Seinssphäre gut. Mach dir keine Sorgen um mich«, beantwortet.

Mit dem Wissen, dass es meinem geliebten Menschen dort gut geht, kann ich allmählich auch zustimmen, dass er dort ist. So können wir im Verlaufe unseres Trauerweges den geliebten Menschen nicht nur am sicheren Ort lassen, sondern ihn *gut* dort sein lassen. Ich kann auch von daher seinem Dort-Sein am sicheren Ort zustimmen, auch wenn ein Stück traurige Wehmut darüber bleiben wird, dass mein geliebter Mensch nicht mehr hier ist.

- Machen Sie sich bewusst, dass Sie Ihren geliebten Menschen im Äußeren – zum Beispiel bei der Beerdigung verabschieden mussten und auf dem bisher zurückliegenden Trauerweg eine innere Beziehung zu Ihrem geliebten Menschen gefunden haben. Sagen Sie Ihrem geliebten Menschen: »Ich musste dich aus meinem konkreten Leben gehen lassen, und das fällt mir heute noch schwer. Und ich habe dich in meinem Inneren wiedergewonnen.«

- Sagen Sie im inneren Dialog zu ihm: »Ich lasse dich an deinen sicheren Ort gehen. Das ist schmerzlich, und doch kann ich dich dorthin gehen lassen, weil ich weiß, dass du dort da bist.«

- Stellen Sie sich Ihren geliebten Menschen an seinem sicheren Ort vor. Wenn es ein konkreter Ort ist, können Sie ihn in der nächsten Zeit aufsuchen. Sagen Sie dann Ihrem geliebten Menschen: »Ich kann dich dort, an deinem sicheren Ort, lassen, weil ich weiß, dass es dir dort gut geht und wir uns immer wieder begegnen.«

2. Immer wieder spüre ich deine Abwesenheit – und darin bist du für mich präsent

Trauernde: Wenn ich in die Garage gehe und das Auto meines Mannes fehlt, dann überkommt es mich.

Trauerbegleiter: Ich möchte Sie bitten, dieses Gefühl jetzt zuzulassen. Und dann spüren Sie ihm nach.

Trauernde: Diese Leere ist sehr groß in mir, ich vermisse ihn dann so.

Trauerbegleiter: Ja, das Vermissen ist das passende Gefühl für die Abwesenheit Ihres Mannes.

Trauernde: Wird das so bleiben?

Trauerbegleiter: Ich glaube schon, und ich denke, dass das auch gut so ist.

Trauernde: Gut so? Ich weiß nicht, es tut eben doch auch sehr weh.

Trauerbegleiter: Das Missen ist für mich ein Teil unserer Sehnsucht nach dem Verstorbenen.

Trauernde: Ja, meine Sehnsucht ist sehr groß.

Trauerbegleiter: Das Sehnen lässt Sie ihren Mann immer wieder suchen.

Trauernde: Das stimmt.

Trauerbegleiter: Und Ihre Seele wird ihn dann immer wieder finden.

Ich bleibe offen für deine Abwesenheit – sie lässt mich nach dir suchen

Wenn der geliebte Mensch aus meiner Welt geht, dann klafft hier eine Lücke. Diese Lücke ist zunächst im Äußeren sehr deutlich. Der Platz des geliebten Menschen bleibt leer, er kommt nicht mehr zur Türe herein und ich bleibe allein. Aber auch im Inneren scheint der geliebte Mensch mir aus meinem Herzen gerissen.

Diese Wunde schmerzt unendlich und hinterlässt eine Leerstelle. Diese bleibt auch zu einem gewissen Teil bestehen, weil sie nun nicht mehr durch real erlebbare Begegnungen und Erfahrungen mit dem geliebten Menschen gefüllt wird.

Wenn vorher die Beziehung durch die Gegenwart des geliebten Menschen geprägt und gesichert wurde, so ist sie jetzt durch die Abwesenheit gekennzeichnet. Anfangs verunsichert mich die Abwesenheit zutiefst. Anfangs sind der unendliche Schmerz und das rasende Gefühl des Vermissens die angemessene und richtige Reaktion auf die Abwesenheit. Allmählich verwandeln sich diese schmerzenden Gefühle in ein Gefühl des Missens. Dieses Gefühl sagt mir: »Du fehlst mir. Du bist nicht hier.« Die Abwesenheit bleibt immer zu spüren, auch wenn ich mir sicher bin, dass der geliebte Mensch an seinem sicheren Ort geborgen ist. Das Missen ist das bleibende Gefühl für die Leerstelle, die der Verstorbene in meinem Leben hinterlässt und immer hinterlassen wird. Wir sollten die Leerstelle und das Missen nicht mit anderem ausfüllen. Der geliebte Mensch ist durch nichts zu ersetzen. Wir bewahren seine Bedeutung und Würde gerade dadurch, dass wir seine Leerstelle bewusst offen halten. Wir können dafür auch Symbole finden und sie als Stellvertreter für die Leerstelle erhalten. In einer Familie bleibt der Kleiderhaken, an dem der verstorbene Sohn seine Kleider aufhängte, leer.

In der Familie Bonhoeffer wurde an Weihnachten des verstorbenen Neffen von Dietrich Bonhoeffer auf eine besondere Weise gedacht. Mit einem wunderschönen Ritual wurde die Leerstelle, die der verstorbene Neffe hinterlassen hatte, lebendig gehalten. An Weihnachten wurde aus dem Weihnachtsbaum ein Zweig herausgeschnitten. Der Zweig wurde dann an Heiligabend auf das Grab des verstorbenen Neffen gebracht. Am Weihnachtsbaum klafft eine Lücke. Die Leerstelle, die das verstorbene Kind hinterlassen hat, wird so sichtbar. So wie dieser Zweig am Baum fehlt, so fehlt der Verstorbene jetzt der Familie. Mit der Leerstelle wird sein Fehlen deutlich und zugleich ist der Verstorbene gerade dadurch präsent. Die Leerstelle und das Missen verweisen auf den geliebten Menschen und rufen ihn jetzt in den Hinterbliebenen wach.

Die Liebe sehnt sich nach dir – und findet dich immer wieder

Das andere Gefühl, das uns immer wieder zum Verstorbenen führt, ist die Sehnsucht. Die Sehnsucht ist ein zentraler Aspekt der Liebe, wenn der geliebte Mensch abwesend und nicht erreichbar ist. Die Sehnsucht will den geliebten, abwesenden Menschen bei sich haben. Sie gibt nie die Hoffnung auf, den Abwesenden doch noch in die Arme zu schließen. Die Sehnsucht in der Trauer gibt uns die Kraft, immer wieder an den sicheren Ort des geliebten Menschen zu gehen und ihm dort zu begegnen. Die innere Begegnung stillt unsere Sehnsucht zu einem guten Teil, doch bleibt immer etwas unerfüllt, nämlich der Wunsch nach einer leiblich und sinnlich spürbaren Begegnung und Berührung. Die Sehnsucht als Form der Liebe ist die Kraft, die uns den geliebten Menschen immer wieder suchen und finden lässt. Das Sehnen verliert zwar sein schmerzliches Drängen, aber auch nach langer Zeit bleibt uns das Sehnen erhalten. Wir erleben das Sehnen als immer wieder aufbrechende innere Bewegung hin zum geliebten Menschen. Und wir sollten die Sehnsucht auch nicht unterbinden, sondern sie offen halten mit dem Wissen, dass das Sehnen schlussendlich nur so gestillt werden kann, dass wir den geliebten Menschen eines Tages tatsächlich wieder in den Armen halten werden.

Ich bin offen für deine Anwesenheit – auch wenn ich dann deine Abwesenheit spüre

Die Erfahrung der Abwesenheit ruft die innere Anwesenheit des geliebten Menschen wach. Abwesenheit und Anwesenheit sind in der Trauer eng verschränkte Erfahrungen. Wir können die Abwesenheit des geliebten Menschen gar nicht erfahren, wenn wir nicht zugleich an ihn denken. Wer sich als Hinterbliebener oder Hinterbliebene auf die Abwesenheit einlässt und zugleich offen bleibt für die Anwesenheit des geliebten Menschen, wird diese auch erleben.

Unser Gehirn hat nicht die Fähigkeit, das Fehlen, die Abwesenheit und das Nicht-Sein des geliebten Menschen zu denken. Auch beim »Phantomschmerz« fehlt das amputierte Glied real und ist als solches auch nicht mehr zu berühren. Trotzdem erleben wir es im Schmerz so real, als wäre es tatsächlich vorhanden. Vermutlich bleiben die Hirnstrukturen, die den amputierten Körperteil repräsentieren, erhalten. Der Schmerz entsteht nun nicht mehr im fehlenden Körperteil, sondern in den es repräsentierenden Hirnregionen. Auch der Verstorbene bleibt in unserem Gehirn unauslöschlich eingeprägt. Seine Abwesenheit lässt in unserem Hirn nun nicht nur den Trauerschmerz entstehen, sondern immer auch das damit verbundene Bild von ihm.

Unsere Seele bleibt auch nach langer Zeit, oft für immer, für solche Abwesenheitserfahrungen, die die Anwesenheit wachrufen, sensibel. Es genügt eine Berührung an der Stelle, an der uns der geliebte Mensch fehlt, schon ist er in uns präsent. Zugleich aber ist unsere Seele nicht nur offen, sondern geradezu begierig, Anwesenheitssignale aufzunehmen, um ihn dann in uns als Gestalt, als Person und Gegenüber entstehen zu lassen.

Und immer wieder begegnen wir uns – leise zwar, aber berührend

Unsere Offenheit für die Anwesenheit des geliebten Menschen lässt uns wachsam bleiben für Begegnungen mit ihm. Das wird nun nicht mehr so häufig und emotional aufwühlend geschehen wie in der Anfangszeit der Trauer, sondern ganz fein und immer wieder überraschend. Gerade in solchen Momenten berührt uns unser geliebter Mensch, begegnet er uns in einer unscheinbaren Erfahrung oder entdecken wir ihn unerwartet in unserem Alltag. Ich sehe ein scheinbar lange vergessenes Erinnerungsstück, ich höre irgendwo den Namen meines geliebten Menschen oder sehe im Fernsehen ein Ereignis aus der Zeit, als mein geliebter Mensch starb. Vielleicht fällt uns zwischen den Büchern ein Notizzettel von unserem geliebten Menschen entgegen, vielleicht bringt ein Schmetterling einen Gruß von ihm, vielleicht sind wir plötzlich gerührt oder er steht plötzlich neben uns und lächelt uns freundlich zu.

Nehmen wir diese Erfahrungen einfach an, nicken unserem geliebten Menschen zu und bedanken uns für die leise und doch innige Begegnung. Jede Anwesenheit ist ein Geschenk, das unsere Beziehung zu unserem geliebten Menschen vertieft und reifen lässt.

- Wenn Sie die Ferne und Abwesenheit Ihres geliebten Menschen spüren, dann lassen Sie diese bewusst zu und sagen zu ihm: »Du bist nicht hier und das ist schmerzlich, auch wenn ich weiß, dass du an deinem sicheren Ort bist und wir uns immer wieder begegnen werden.«
- Sind Sie Ihrer Sehnsucht gegenüber dankbar. Sie hält nicht nur die unausfüllbare Leerstelle, die Ihr geliebter Mensch hinterlässt, offen, sondern sie führt Sie immer wieder in nahe Begegnungen mit Ihrem geliebten Menschen.
- Finden Sie bewusst Symbole für die *Abwesenheit* Ihres geliebten Menschen, so wie Sie Symbole (insbesondere Fotografien oder Erinnerungsstücke) für die *Anwesenheit* und Präsenz Ihres geliebten Menschen gefunden und gestaltet haben. Schauen Sie diese Abwesenheitssymbole immer wieder an und sagen Sie: »Ich spüre jetzt deine Abwesenheit, und das ruft mir dich in Erinnerung.«
- Achten Sie immer wieder bewusst auf die Symbole und Zeichen für die Anwesenheit Ihres geliebten Menschen. Wenn Ihnen solch ein Zeichen in die Augen fällt, dann sagen Sie: »Ich spüre, dass du da bist, und das ist gut so. Das ist ein Geschenk für mich, das mir hilft und unsere Beziehung und Verbundenheit vertieft und stärkt.«

3. Ich bin mit dir verbunden und du mit mir – und dabei sind wir frei

Trauernder: Ich möchte meine Frau gerne bei mir behalten, aber …

Trauerbegleiter: Das finde ich sehr verständlich. Und doch gelingt es Ihnen nicht?

Trauernder: Dann entzieht sie sich.

Trauerbegleiter: Je mehr Sie sie festhalten wollen?

Trauernder nickt.

Trauerbegleiter: Vielleicht liegt genau hier der Schlüssel.

Trauernder: Sie meinen, ich soll loslassen?

Trauerbegleiter: Ich finde, das Loslassen ist ein schwieriges Wort. Vielleicht könnte es ein Freilassen sein.

Trauernder: Und dann geht sie mir nicht verloren?

Trauerbegleiter: Nein, ich glaube nicht. Ganz im Gegenteil, dann wird sie kommen.

Trauernder (lächelt): Ja, meine Frau hat immer gemacht, was für sie richtig war.

Trauerbegleiter lacht: Und könnte es jetzt nicht auch so sein? Wenn Sie Ihre Frau freigeben, dann kommt sie, und dann kommt sie aus freien Stücken.

Du bist frei im Land der unendlichen Freiheit – und ich freue mich für dich

Wie immer wir uns die Gestalt und Seinsweise unseres geliebten Menschen an seinem sicheren Ort vorstellen, eines ist für viele Trauernde klar: Der geliebte Mensch lebt dort in einer ganz anderen Weise, als wir es in unser konkreten, materiellen Welt tun. Ob wir den Verstorbenen als personales Gegenüber, als innere Kraftquelle, als geistige Person, als Engel oder als etwas Unvorstellbares denken und erleben, immer unterscheidet er sich von unserer eigenen leiblichen Existenzweise. Im Unterschied zu der irdischen Existenz scheint der geliebte Mensch frei zu sein von den Fesseln des Körpers, der Schwerkraft und der Zeitlichkeit.

Ein wichtiger Schritt in der Beziehungsarbeit ist es, den geliebten Menschen in seine andere Seinsweise gehen zu lassen. Wir können den geliebten Menschen nicht mehr »hier unten« halten. Wir werden allmählich akzeptieren, dass er in einer ganz anderen Freiheit existiert. Aus unserer Erfahrung, insbesondere aus der schweren Erfahrung der Trauer und des Schmerzes, ist diese Freiheit etwas unendlich Leichtes, Schwebendes, Fliegendes und Beglückendes. Für uns selbst ist dieser Zustand unvorstellbar, aber für unseren geliebten Menschen können wir uns allmählich vorstellen, dass er in dieser so ganz anderen Seinsweise existiert. Wie wunderbar muss diese unendliche Freiheit für unseren geliebten Menschen sein. Je klarer wir uns das machen, umso mehr können wir uns freuen, dass unser geliebter Mensch so existieren darf. Im Reich der Verstorbenen, im Reich der Unsterblichen ist die Freiheit grenzenlos – und unser geliebter Mensch lebt in dieser grenzenlosen Freiheit. Etwas Schöneres kann man keinem Menschen wünschen, den man liebt. Vielleicht können wir uns auch von dieser leichten Freiheit ein wenig anstecken lassen. Unser geliebter Mensch wird uns das ganz sicher erlauben!

Du bindest mich nicht mehr – und ich binde dich nicht mehr

Kommen wir noch einmal auf die immer wieder neu gestellte Frage nach dem »Loslassen« zurück. Für mich bedeutet *loslassen* auch, den geliebten Menschen *frei* zu lassen. Ich akzeptiere, dass mein geliebter Mensch in einer unendlichen, für uns kaum vorstellbaren grenzenlosen Freiheit lebt. Er ist nicht mehr an das Irdische und damit auch nicht mehr an mich, meine Vorstellungen und Wünsche gebunden. Wenn ich als Trauernder das akzeptiert habe, dann will ich ihn auch nicht mehr binden, nicht mehr durch meine Bedürfnisse, auch nicht mehr durch meine Trauer. Ich kann meinen geliebten Menschen dort, an seinem sicheren Ort, dort, in seiner neuen Existenzweise, nicht mehr einschränken – und ich will es irgendwann auch nicht mehr, weil ich anerkennen muss, dass das der neuen Existenzweise meines geliebten Menschen nicht mehr angemessen ist. *Loslassen* heißt nun, den geliebten Menschen frei zu lassen. Ich kann das aus der Liebe heraus tun, die akzeptiert, dass der geliebte Mensch nun seine ihm angemessene Seinsweise gefunden hat.

Die uralte Symbolik, dass die Verstorbenen zu Engeln werden und im Reich der Engel leben, ist bildlicher Ausdruck dieses hier beschriebenen Prozesses. Im Engel ist die Identität des Verstorbenen bewahrt und zugleich lebt dieser als Engel in einer ganz anderen Seinsweise. Im Reich der Engel lebt der Engel ewig in einer unendlichen Freiheit und Transzendenz. In manchen christlichen Traditionen sind die Verstorbenen die Seligen, die im Himmel schon jetzt an der Seinsweise Gottes teilhaben. So heißt es in einem Gebet der russisch-orthodoxen Kirche: »Nicht unter den Toten suchen wir dich, sondern unter den Seligen des Himmels.«

Wir bleiben verbunden – und sind frei füreinander

Auch wenn ich im Loslassen an den sicheren Ort meinen geliebten Menschen zugleich in seine ihm stimmige Freiheit frei lasse, so bleiben wir doch verbunden. Wir bleiben in der Liebe miteinander verbunden, weil beide dies aus Liebe wollen.

In der Gebundenheit halten wir aneinander fest. Dabei sind wir durch den anderen und dessen Willen bestimmt und können beide nicht ganz wir selber sein. In der Freiheit dagegen kann ich den anderen in seiner Person so lassen, wie er sein will. Und er und ich werden uns dann frei entscheiden, ob und wie wir mit dem anderen nahe und verbunden sein wollen. Wenn wir dann dem anderen nahe sein wollen, tun wir das aus freien Stücken und aus einer inneren Freiheit, in der jeder der sein darf, der er ist. Eine solche Nähe ist eine Verbundenheit in Freiheit. In der verbundenen Freiheit freue ich mich gerade daran, dass der andere so ist, wie er ist, und dass er so lebt, wie er leben will. Dazu gehört für meinen verstorbenen Menschen auch seine grenzenlose, himmlische Freiheit, die ich ihm gerne lassen kann. Genauso freue ich mich, dass der andere mir aus dieser Freiheit heraus nahe sein will. Eine erzwungene oder festgehaltene Nähe wäre keine wirkliche Nähe, weil im Zwang die aneinander Gefesselten sich gegen die Nähe wehren. Was uns neben der gemeinsamen Geschichte verbindet, ist der Wunsch, dem anderen aus Freiheit nahe zu sein, und das Wissen, dass er es auch möchte – und zwar auch aus der Freiheit heraus. Die Verbundenheit besteht in dieser Übereinstimmung der Wünsche nach Nähe und im gegenseitigen Zulassen der Freiheit. Sie realisiert sich in den freien, leichten Begegnungen und in der verbundenen und zugleich freien Beziehung zum geliebten Menschen.

- Machen Sie sich klar, dass Ihr geliebter Mensch nicht mehr an die Bedingungen des Irdischen gebunden ist. Wie immer Sie sich seine Seinsweise vorstellen, es wird eine von der unseren ganz verschiedene sein. Sie können sich sagen: »Du bist in einer anderen Existenz. Sie ist die deine und sie ist ganz anders als meine Existenzweise.«
- Stellen Sie sich vor, Sie geben Ihren geliebten Menschen frei, so als würden sie einen Vogel aus ihren geschlossenen Händen frei lassen. Spüren Sie dabei nach, was Sie dabei empfinden. Wenn Sie Angst und Sorge spüren, dann erlauben Sie sich diese und sagen Sie Ihrem geliebten Menschen: »Gerne würde ich dich frei geben, aber es gelingt mir noch nicht. Lass mir Zeit dazu.« Achten Sie darauf, welche Reaktion Sie von Ihrem geliebten Menschen her erfahren.
- Wenn Sie so weit sind, Ihren geliebten Menschen in seine Existenzweise frei zu lassen, dann stellen Sie sich vor, dass der Vogel nun tatsächlich ihre Hände verlässt und losfliegt. Schauen Sie, wie der Vogel frei in den weiten Himmel fliegt, und sagen Sie Ihrem geliebten Menschen: »Ich weiß, dass die Liebe ein Kind der Freiheit ist, und deshalb achte ich aus Liebe deine Freiheit.«
- Sehen Sie nun Ihren geliebten Menschen an seinem sicheren Ort und sagen Sie ihm: »Du lebst dort deine unendliche Freiheit und ich schränke sie nicht ein. Du lässt mir meine Freiheit hier und du freust dich an ihr.

So lassen wir uns gegenseitig unsere Freiheit, ich dir dort und du mir hier.«

- Machen Sie sich klar, dass Sie in aller Freiheit mit Ihrem geliebten Menschen verbunden bleiben. Bildlich gesprochen, wird der frei gelassene Vogel immer wieder gerne auf die ausgestreckte Hand kommen. Sagen Sie Ihrem geliebten Menschen: »Ich wünsche mir die Nähe zu dir und weiß, dass auch du sie willst. Darin bin ich mit dir in aller Freiheit – und in der Liebe – verbunden.«

4. Die Liebe zu dir wird frei und leicht – deine Liebe berührt mich sanft

Trauernde: Die Liebe zu meinem Mann verändert sich und ich weiß nicht …

Die Trauernde verstummt.

Trauerbegleiter: Sie wissen nicht, was das zu bedeuten hat.

Trauernde: Meine Liebe ist nicht mehr so intensiv, so brennend.

Trauerbegleiter: Und damit weniger sicher?

Trauernde: Sie ist so … wie soll ich sagen … so…?

Trauerbegleiter: Könnte man sagen: »fein«?

Trauernde: Fast schon zerbrechlich.

Trauerbegleiter: Ist Ihre Beziehung zu Ihrem Mann gefährdet?

Trauernde: Nein, aber es ist so anders als am Anfang. Es war viel intensiver und schwerer.

Trauerbegleiter: Und jetzt ist Ihre Beziehung zu ihm weniger dicht und leichter?

Trauernde nickt.

Trauerbegleiter: Was könnte schön sein in dieser anderen Art Ihrer Liebe?

Trauernde: Sie ist freier, gelöster.

Trauerbegleiter: Auch heiterer?

Trauernde: Auch heiterer!

Trauerbegleiter: Und trotzdem nahe?

Trauernde nickt.

Trauerbegleiter lacht: Dann ist es doch gut.

Anfangs liebte ich dich verzweifelt – und nun kann ich das Verzweifelte in meiner Liebe lassen

Die Liebe am Beginn des Trauerweges flammt auf aufgrund des Verlusts und aufgrund der Trauer. Es ist eine unendlich starke und brennende, aber auch verzweifelte und verzehrende Liebe. Diese

Liebe will zunächst den Verstorbenen festhalten und ihn bei sich behalten, gerade auch ganz real und leiblich. Diese Liebe wehrt sich gegen den Tod, gegen die reale Abwesenheit des Geliebten. Genau diese kämpferische Liebe ist nötig, um angesichts einer ausweglosen Situation einen Ausweg zu finden. Diesen Weg findet die Liebe in einer neuen Weise des Liebens und in einer inneren Liebesbeziehung zum Verstorbenen. Auch wenn diese brennende Liebe allmählich in den Hintergrund tritt – immer wieder brauchen wir sie und immer wieder wird sie aufflammen. Wenn uns der geliebte Mensch zu entgleiten droht, dann meldet sich die kämpferische Liebe. Darauf können sich Trauernde verlassen. Deshalb müssen sie nicht befürchten, den geliebten Menschen eines Tages zu verlieren. Allmählich aber verschwindet das Verzweifelte in der Liebe, weil wir unseren geliebten Menschen an seinem sicheren Ort wissen und ihn *dort sein* lassen können. Wir können das Kämpferische, Verzweifelte und Festhaltende unsere Liebe gehen lassen und verabschieden. Damit machen wir unsere Liebe frei für das Leichte und Heitere in ihr.

Die Liebe zu dir leuchtet in mir

Die Anfangsliebe in der Trauer ist so eng mit dem Schmerz verschmolzen, dass sie eine schmerzende und schmerzhafte Liebe ist. Jede Liebesregung in der Trauer ruft die schmerzende Abwesenheit des geliebten Menschen auf. Die Liebe im Verlust trägt in sich als Schattenbruder den Schmerz. In meinem zweiten Trauerbuch »Damit aus meiner Trauer Liebe wird – Neue Wege in der Trauerarbeit« habe ich beschrieben, wie sich dann in der Trauer die Liebe durchsetzt und stark bleiben kann.

Wir wissen nun, dass die *Liebe* siegt – gegen den Tod und trotz der Abwesenheit des geliebten Menschen. So wird die Liebe klarer, eindeutiger und sicherer. Sie leuchtet in ihrer ganzen Kraft, so als wäre sie die Sonne, die sich durch schwere, niederdrückende Wolkenschichten doch noch durchgesetzt hat. Auch wenn immer wieder einzelne dunkle Wolken der Schwermut durch meine Seele ziehen, weiß ich, dass sich meine Liebe endgültig gegenüber dem Schmerz und der Trauer durchgesetzt hat. Auch wenn die Farbe der Liebe manchmal von der Abwesenheit des geliebten Menschen getrübt wird, bleibt sie mit ihrer Kraft und Energie in unserer Seele gegenwärtig. Die Liebesbeziehung zu meinem verstorbenen Menschen ist nicht mehr gefährdet, im Gegenteil: Sie ist eine ganz besondere Energiequelle für mich, aus der heraus ich auch die Aufgaben und Schwierigkeiten meines Lebens wieder angehen kann.

Geistig liebe ich dich – federleicht und schmetterlingsgleich

Die Liebe in der Trauer ist klug genug zu wissen, dass der geliebte Mensch nun in einer anderen Seinsweise existiert. Deshalb sucht sie auch andere Wege, die Liebe zu leben. Die Liebe ist letztlich nicht an das Körperliche gebunden, sosehr sie sich auch liebend gerne im Körperlichen ausdrückt und realisiert. Die Liebe ist immer auch eine geistige Kraft, die sich in Gedanken, Gefühlen und inneren Bildern realisiert. Allerdings ist der Liebe zum Verstorbenen der Verzicht auf den realen Austausch auferlegt. Das bleibt schmerzlich und erinnert den Hinterbliebenen daran, wie wertvoll und ernst die geistige, verinnerlichte Liebe ist. Die geistige Liebe zum Verstorbenen bleibt so immer geerdet.

Mit zunehmender Zeit können sich aber auch die Chancen einer geistigen Liebe entfalten. Wie der Geist leicht und frei ist, so kann diese Liebe trotz der immer wieder aufbrechenden Wehmut auch etwas Leichtes gewinnen. Die Nähe zum geliebten Menschen bekommt etwas Schwebendes. Ich spüre ihn ganz fein, ganz leicht und bin sanft von ihm berührt. Wenn ich an den Verstorbenen denke, kann in mir ein Lächeln aufsteigen. Überrascht entdecke ich, dass wir gemeinsam über eine komische Situation lachen. Ich höre, wie mein geliebter Mensch ein witzige Bemerkung oder einen Scherz macht. Wenn ich meinem geliebten Menschen begegne, sehe ich ihn in einem hellen Licht. Manchmal ist es mir, als tanzte er um mich oder forderte mich zum Tanz auf. Manchmal ertappe ich mich, dass ich selbst heiter und leichter werde. Ich bin mir dann sicher, dass mein geliebter Mensch sich mit mir freut.

Es mag für akut Trauernde unwahrscheinlich klingen, und doch wird es möglich sein: Die Begegnungen und die inneren Erfahrungen mit dem verstorbenen geliebten Menschen können heiter und beglückend sein. Sie gleichen einem leichten Tanz und einem heiteren Miteinander-Spielen.

- Spüren Sie noch einmal in die Anfangszeit Ihrer Trauer zurück und nehmen Sie die intensiven Liebesgefühle von damals auf. Sie werden deren verzehrende Intensität und verzweifelte Schwere spüren. Dann sagen Sie zu sich: »Es ist gut, dass es diese intensive Liebe gibt. Sie hat mir geholfen, eine neue Beziehung zu meinem geliebten Menschen zu finden. Und es ist gut, wenn es diese intensive Liebe weiterhin gibt.«
- Wenn Sie die Erfahrung gemacht haben, dass die verzehrende, verzweifelte Anfangsliebe sich zurückgenommen hat oder in den Hintergrund getreten ist, erlauben Sie sich dieses: »Die verzehrende Liebe darf weniger werden, weil ich weiß, dass eine andere Form der Liebe sich entwickelt und dazukommt.«
- Stellen Sie sich vor, wie die Sonne nach langer, dunkler Nacht allmählich aufsteigt, an Leuchtkraft gewinnt und als strahlendes Licht über Ihnen steht. Nehmen Sie über dieses Bild Kontakt zu Ihrer Liebe auf und sagen Sie: »Meine Liebe hat sich durchgesetzt, und ich weiß, dass sie bleiben wird. Mit jedem Tag wird sie kräftiger, stärker und leuchtender.«
- Suchen Sie ganz bewusst nach Erinnerungen, in denen Sie mit Ihrem geliebten Menschen gelacht haben, in denen Sie mit ihm Freude erlebt haben und in denen Sie beide heiter und gelöst waren. Spüren Sie dann, wie sich in solchen Situationen Ihre Liebe zu Ihrem geliebten Menschen anfühlte und *jetzt* noch anfühlt. Nehmen Sie das Leichte in diesen besonderen Liebeserfahrungen auf und sagen Sie: »Die Liebe zu dir war immer auch leicht und heiter und sie darf es jetzt auch nach deinem Tod wieder sein.«

5. Ich achte dein Schicksal –
und lerne, mein eigenes zu akzeptieren

Trauernder: Warum musste meine Frau sterben? Warum?

Trauerbegleiter: Das ist schwer, vielleicht nie zu verstehen.

Trauernder: Nein, ich will es nicht einmal akzeptieren, dass das alles so passiert ist

Trauerbegleiter: Es wehrt sich alles in Ihnen gegen die Krankheit Ihrer Frau und Ihren Tod?

Trauernder: Ja, es kann einfach nicht sein.

Trauerbegleiter: Wenn es sich nur ungeschehen machen ließe.

Trauernder: Ja, wenn das nur ginge.

Trauerbegleiter: Aber… *(Pause – der Trauernde nickt.)* Es ist geschehen, was geschehen ist.

Trauernder: Dann muss ich es wohl irgendwie akzeptieren.

Trauerbegleiter: Zuerst ist es der Zwang der Fakten, dann ist es oft ein Sich-daran-Gewöhnen und irgendwann können Sie vielleicht dem, was geschehen ist, zustimmen. Aber lassen Sie sich dafür Zeit.

Trauernder: Manchmal – und das ist nur eine Sekunde – weiß ich, dass es richtig ist, was passiert ist, aber das ist nur eine Sekunde, dann kämpfe ich wieder dagegen.

Alles wehrt sich in mir gegen deinen Tod

Warum muss mein geliebter Mensch den Weg gehen, den er gehen musste? Warum sind ihm sein Leiden, sein Sterben und sein – vielleicht viel zu früher – Tod so beschieden? Warum musste mein geliebter Mensch im Tod gehen, und ich darf – muss vielleicht – noch bleiben? Diese Fragen stellen wir uns anfangs und später immer wieder. Zunächst sind sie auch als wütender Protest gegen den Tod des geliebten Menschen formuliert. Wir wollen *nicht*, dass der geliebte Mensch diesen Weg gehen muss. Wir würden alles dafür tun, um seinen Tod rückgängig zu machen. Viele Trauernde hoffen lange, dass der geliebte Mensch nur auf einer langen Reise oder in einem Urlaub ist und eines Tages nach Hause kommt.

So berechtigt die wütend-verzweifelten Fragen sind, so wenig werden sie eine Antwort erfahren. So heftig der Widerstand gegen das Schicksal des geliebten Menschen ist, so wenig können wir rückgängig machen, was dem geliebten Menschen geschehen ist. Weil in diesem Widerstand aber immer die Liebe sich meldet, müssen wir uns diesen Kampf zugestehen. Die Liebe will es dem Tod nicht erlauben, dem geliebten Menschen das zuzufügen, was er ihm zugefügt hat.

Doch irgendwann wird die Liebe sehen und realisieren, dass sie in der äußeren Realität den Fakten unterlegen ist. Die Liebe muss sich der Realität des Todes und der Abwesenheit des geliebten Menschen beugen. Das ist ein schmerzlicher und wesentlicher Kern unserer Trauer. Doch die Einsicht in die Realität des tatsächlich Geschehenen ermöglicht der Liebe, neue Wege zu finden. Zunächst aber müssen der Trauernde und seine verzweifelte Liebe sehen, was mit dem geliebten Menschen geschehen ist und was nicht mehr ungeschehen gemacht werden kann.

Ich sehe, was mit dir geschehen ist – und ich lasse es mit großem Schmerz gelten

Zu Beginn können wir nicht sehen, was mit unserem geliebten Menschen geschehen ist. Auch wenn wir sein Sterben, die Umstände seines Sterbens und seines Todes genau kennen, ist das noch *kein* Sehen, sondern ein tiefes Mitfühlen und Mitleiden. Unser Mitgefühl und unsere Trauer verbinden uns intensiv mit dem Sterben und dem Tod unseres geliebten Menschen. Das ist auch völlig in Ordnung, will doch unsere Liebe dem geliebten Menschen in seinem Sterben und Tod ganz nahe sein. Immer wieder durchleben wir in unserem Denken und Erinnern seine letzte Zeit. Dabei realisieren wir erst allmählich, was eigentlich geschehen ist. Erst jetzt wird uns klar, wie die Umstände beim Sterben unseres geliebten Menschen waren, was im Einzelnen geschehen ist und wie die Dinge sich zueinander verhalten.

Die zehnjährige Maria erkrankt plötzlich an Blutkrebs. Dann geht alles ganz schnell: Krankenhausaufenthalt an einer Universitätsklinik, zahlreiche Untersuchungen, Chemotherapie, immer wieder Gespräche mit den Ärzten. Die Eltern haben kaum eine Chance, die Ereignisse zu verstehen, geschweige denn zu beeinflussen. Sie sind hineingerissen in einen Strudel von Ereignissen. Sie tun das, was noch zu tun ist: bei ihrer Tochter zu bleiben, ihr die Hand zu halten und mit ihr zu reden. Dann gibt es Komplikationen, vielleicht ärztliche Versäumnisse, Entscheidungen von großer Tragweite stehen an – und wieder überschlagen sich die Ereignisse. Dann stirbt die zehnjährige Maria. Noch lange nach ihrem Tod gehen die Eltern in ihren Gedanken und Gesprächen immer wieder neu die Abschnitte der Krankheit und des Sterbens durch. Immer wieder fragen sie sich, ob es bei dieser oder bei jener Weichenstellung eine andere Entscheidung gegeben hätte. Nachdem sie dies immer wieder durchdacht und zugleich durchlitten hatten, konnten sie dann in den Beratungsgesprächen allmählich ein Stück zurücktreten und sehen, was mit ihrer Tochter und ihnen selbst geschehen ist. Sie konnten dann auch erkennen, dass das Geschehene unabänderlich ist und dass sich die Dinge unausweichlich so konstelliert haben, wie sie dann geschehen sind.

Im Sehen aus dem inneren Abstand heraus realisieren wir erst, was eigentlich geschehen ist. Dazu brauchen wir auch den zeitlichen Abstand, so dass wir auch »von außen« auf den Weg unseres geliebten Menschen schauen können. Das ist kein kaltes, sondern – weil wir den Verstorbenen lieben – immer ein *liebevolles* Schauen. Es kann nun das Sterben und den Tod des geliebten Menschen als gesamtes Geschehen wahrnehmen. Und nun muss ich auch *einsehen*, dass das Geschehen eine innere Notwendigkeit hat, die nicht mehr zu ändern *war* und nun auch nicht mehr zu ändern *ist*. Dies zwingt mich zunächst, das Geschehene so gelten zu lassen und es in seiner Realität anzuerkennen.

Kann ich deinen Weg und dein Schicksal akzeptieren?

Wir wissen nicht, wer dem geliebten Menschen seinen Weg zugemutet hat und warum ihm dieser Weg auferlegt war. Anfangs lehnt sich alles in uns gegen dieses Schicksal auf. Glaubende Menschen hadern häufig mit Gott, hat er doch den Tod des geliebten Menschen nicht verhindert.

Abgesehen davon, dass die Auflehnung und der Kampf gegen das Schicksal letztendlich vergebens sind, kostet dieser Kampf auch sehr viel Energie. Der Kampf blockiert manchmal die direkte Liebe zum Verstorben, oft zehrt er an den Kräften der Liebe. Deshalb will auch die Liebe diesen Kampf nicht mehr und ist bereit, dem Schicksal und dem Weg des geliebten Menschen zuzustimmen. Dieser Prozess der Zustimmung – und das ist eine der *schwersten* Aufgaben auf dem Trauerweg – beginnt damit, dass ich als Trauernde oder Trauernder mir eingestehen muss, dass ich niemals wissen kann, warum es das Schicksal des geliebten Menschen ist, sterben zu müssen.

Was heißt nun »Zustimmung«? Sie hat mehrere Aspekte und Stufen. Und ich spüre in meiner eigenen Trauerarbeit, dass ich selbst dem Tod meines Sohnes noch nicht ganz zustimmen kann. Vielleicht werde ich es später noch können, jetzt bleibt in mir immer noch ein Rest von Auflehnung. Vielleicht aber brauche ich dies, vielleicht brauchen es andere auch. Die Leserin, der Leser möge nun selbst entscheiden, welcher Grad von Zustimmung ihr oder ihm möglich ist.

Der erste Schritt besteht in der schon erwähnten Anerkennung des Fakts, dass der geliebte Mensch gestorben ist, dass er tot ist und nicht mehr kommen wird. Ich realisiere, dass das, was mit ihm geschehen ist, tatsächlich geschehen ist. Im zweiten Schritt nehme ich das, was geschehen ist, für mich und für meinen geliebten Menschen an. Es gehört zu seinem Schicksal und zu seinem Lebensweg. Ich kann sogar annehmen, dass es in einer gewissen Weise auch zu seiner Person und zu seinem Leben passt. Sein Sterben und sein Tod sind unauflöslicher Teil seines Lebens, aber auch meines Lebens. Es lässt sich nicht mehr aus unserem Leben entfernen oder verdrängen. Mit dem dritten Schritt – der Zustimmung – habe auch ich selbst meine persönlichen Schwierigkeiten angesichts des Todes meines Sohnes. Kann ich so weit zustimmen, dass ich einen Sinn im Schicksal meines geliebten Menschen sehe und es deshalb letztlich richtig und gut sein wird, was geschehen ist? Für manchen Hinterbliebenen kann sich der gute Sinn in einem langen Prozess erschließen, manchmal leuchtet er auch spontan auf. Vielen glaubenden Menschen hilft hier der Gedanke, dass es aus der Perspektive Gottes einen Sinn gibt, der uns jetzt noch verschlossen bleibt. Ich persönlich bin sehr vorsichtig mit dem Wunsch oder der Forderung, in allem einen Sinn zu entdecken, auch wenn dies von vielen Ratgebern und Psychotherapeuten nahegelegt wird. Wer in dem Tod seines geliebten Menschen keinen Sinn sieht, der sollte das auch so stehen lassen. Der Tod eines geliebten Menschen darf auch sinn-los bleiben.

Bert Hellinger hat einen für mich weiteren, sehr wichtigen Aspekt der Zustimmung beschrieben, der sehr befreiend sein kann (vgl. Hellinger, Ordnungen der Liebe, S. 75 f.). Für Hellinger ist ein Akzeptieren des Schicksals eines anderen *anmaßend*. Wie kann ich entscheiden, ob das Schicksal dem anderen zusteht oder nicht, ob es einen Sinn macht oder nicht? Es genügt, das Schicksal und den Lebensweg des anderen zu achten und mit Respekt wahr-zunehmen. Mehr steht mir eigentlich auch nicht zu.

Dein Weg führt dich an deinen sicheren Ort – auch das gehört zu dir

Ein abschließender Gedanke kann uns helfen, den Weg und das Schicksal des geliebten Menschen zu achten. Der Weg des Ver-storbenen ist nicht zu Ende, sondern führt ihn an seinen sicheren Ort und in die innere Beziehung zu mir als Hinterbliebenem. Der Weg des Verstorbenen führt ihn zu seiner unendlichen Freiheit, in der für ihn alles gelöst ist. Was wir überblicken, ist der Weg bis zum Tod. Was wir für unseren geliebten Menschen hoffen und glauben, ist der Weg über den Tod in die beglückende Freiheit. Auch das gehört zum Schicksal meines geliebten Menschen. Wir dürfen also nicht nur auf das Sterben und den Tod des geliebten Menschen schauen, sonst verkürzen wir selbst dessen Weg. Sein

Schicksal ist größer als das, was wir unmittelbar sehen. Der Blick auf das Ganze seines Weges – von seiner Geburt bis in seine unendliche Freiheit an seinem sicheren Ort – erleichtert es mir, dem Schicksal meines geliebten Menschen zuzustimmen.

Ich lerne, mein Schicksal anzunehmen

Weil ich als Hinterbliebener so intensiv mit dem Leben und Lebensweg meines geliebten Menschen verwoben bin, ist sein Schicksal immer auch mein Schicksal. Dies erleben wir in der Anfangstrauer besonders intensiv als Erfahrung, dass auch unser Leben zu Ende ist und wir mit unserem geliebten Menschen mit sterben. Die Trauer ist auch eine Reaktion auf das Schicksal, das meinem geliebten Menschen und damit zugleich mir zugewiesen ist. Was ihm angetan wurde, das wurde auch immer mir und meiner Liebe zu ihm angetan. Mein Leben ist mit dem Sterben und dem Tod meines geliebten Menschen nicht mehr das, was es war, und nicht mehr das, was aus ihm hätte werden können. Damit ich nun mit dem leben kann, was mir an verändertem Lebensweg vorgegeben ist, muss ich auch mein eigenes Schicksal annehmen. Dann kann ich es nicht nur leben, sondern auch gestalten. Wie uns das gelingen kann, wird im vierten Teil des Buches beschrieben.

- Schauen Sie auf das Sterben und den Tod Ihres geliebten Menschen liebevoll und sagen Sie Ihrem geliebten Menschen: »Dir und mir ist das Schlimmste geschehen, was geschehen kann. Es tut mir so leid für dich und ich bin so traurig darüber.«
- Wenn Sie den Impuls spüren, die Zustimmung zum Tod Ihres geliebten Menschen zu verweigern, dann ist es für Sie jetzt in Ordnung. Sagen Sie: »Ich möchte deinen Tod für dich und mich rückgängig machen. Ich wünsche mir das aus der Liebe zu dir, und doch ist es mir nicht möglich.«
- Vielleicht können Sie nach längerer Zeit auf den Weg Ihres geliebten Menschen blicken und dann nur den

kurzen Satz sprechen: »Ja, so ist es geschehen. Es ist, wie es ist, und das ist und bleibt schlimm.«

- Machen Sie sich klar: Mit dem Tod sind das Schicksal und der Weg Ihres geliebten Menschen in unserer äußeren Realität beendet, aber am sicheren Ort des geliebten Menschen geht sein Weg weiter. Sagen Sie ihm: »Mir fällt es schwer, deinem Tod zuzustimmen. Weil ich aber weiß, dass dein Weg weitergeht, will ich ihm als Ganzem zustimmen.«

- Vielleicht können Sie nach langer Zeit auf den Lebensweg Ihres geliebten Menschen blicken und sagen: »Ja, es ist dein Schicksal und es gehört zu dir. Ich achte dein Schicksal – mehr steht mir nicht zu.«

Teil IV
Wie ich ohne dich leben kann – und wie du Teil meines Lebens bleibst

Tot ist überhaupt nichts

Tot ist überhaupt nichts:
Ich glitt lediglich über den nächsten Raum.
Ich bin ich, und ihr seid ihr.
Warum sollte ich aus dem Sinn sein,
nur weil ich aus dem Blick bin?
Was auch immer wir füreinander waren,
sind wir auch jetzt noch.
Spielt, lächelt, denkt an mich.
Leben bedeutet auch jetzt all das,
was es auch sonst bedeutet hat.
Es hat sich nichts verändert,
ich warte auf euch, irgendwo sehr nah bei euch.
Alles ist gut.

Annette von Droste-Hülshoff

Wie sieht das Leben aus, nachdem wir die Trauer verabschiedet haben und wir nun am Ende des Trauerweges angekommen sind? Ohne Zweifel geht das Leben zwar weiter, aber es ist ein anderes geworden. Wir mussten und müssen immer wieder neu realisieren, dass unser geliebter Mensch in unserer realen Welt nicht mehr wiederkommt. Wir haben unseren geliebten Menschen an seinen sicheren Ort gehen lassen. Wir müssen ohne ihn leben bis an das Ende unseres Lebens. Und diese Tatsache allein verändert alles. Insofern wird nichts mehr wieder gut, jedenfalls nicht so, wie es vor dem Tod unseres geliebten Menschen war.

Zugleich haben wir auf unserem Trauerweg eine andere, neue und innere Beziehung zu unserem geliebten Menschen gewonnen. Wir leben in einer inneren Beziehung zu ihm und er in einer Beziehung zu uns.

Nun stellt sich die Frage, ob diese Beziehung trägt und unsere Liebe lebendig bleibt. Wie also kommt unser geliebter Mensch in dem so anderen Leben vor? Wie bleibt er uns nahe, ohne dass die Trauer uns ständig an ihn erinnert? Was geschieht mit der Beziehung zu unserem geliebten Menschen, wenn andere Menschen nun in unser Leben treten?

Auch wenn der *Trauerweg* zu Ende ist, der *Beziehungsweg* zu unserem geliebten Menschen ist nicht zu Ende. Nun beginnt ein neuer Abschnitt in der *Beziehung* zu unserem geliebten Menschen: Wir können, müssen aber auch diese andere, innere Beziehung zu ihm ohne die Unterstützung der Trauer leben. Zugleich ist das aber auch eine Chance für uns, denn nun kann die Liebe ohne die Schwere der Trauer lebendig werden und lebendig bleiben.

1. Ein Leben ohne dich – ich will es nicht, und doch muss ich es leben

Trauernder: Mit einem Schlag ist alles anders geworden.

Trauerbegleiterin: Nichts ist mehr, wie es war, seit dem viel zu frühen Tod Ihrer Frau.

Trauernder: Ja, mir kommt alles ganz unwirklich vor.

Trauerbegleiterin: Die Leere, die Abwesenheit Ihrer Frau, die Trauer …?

Trauernder: Das ist ganz eigenartig und fremd.

Trauerbegleiterin: So, als wäre es nicht mehr Ihr Leben.

Trauernder: Das ist es nun wirklich nicht mehr.

Trauerbegleiterin: Und es wird wohl nie mehr so sein, wie es war.

Trauernder: Nie mehr. Meine Frau war nicht nur irgendein Teil meines Lebens. Sie war mein Leben.

Trauerbegleiterin: Und trotzdem bleiben Sie selbst am Leben – und Sie wollen das auch, wie Sie sagten.

Trauernder: Mhm, meine Frau will ja, dass es mir wieder gut geht.

Trauerbegleiterin: Ich glaube, dann müssten Sie sich noch einmal für Ihr Leben entscheiden. Es ist dann zwar ein ganz anderes als Ihr früheres Leben, aber es ist dann noch einmal Ihr eigenes Leben.

Ohne dich ist alles anders – und doch wird es so bleiben

Der Tod eines geliebten Menschen verändert das Leben der Hinterbliebenen tiefgreifend. Plötzlich ist alles ganz anders. Sehr massiv wird das bei einem unerwarteten und plötzlichen Tod eines geliebten Menschen erlebt. In einem einzigen Augenblick ändert sich das Leben vollständig. Nichts ist mehr so, wie es war, nichts passt mehr zusammen. Das frühere Leben scheint unendlich weit entfernt zu sein und ein anderes Leben ist nicht in Sicht. Plötzlich bin ich in einem mir fremden Leben, das einem Albtraum gleicht aus dem ich am liebsten aufwachen würde.

Die Leere, der Schmerz und die Trauer verdunkeln und prägen das Lebensgefühl der Hinterbliebenen für lange Zeit. Die Energie, die die Trauernden zum Aushalten des Schmerzes und der Trauer brauchen, fehlt in vielen Lebensfeldern wie zum Beispiel im Beruf. Das Netz von Bekannt- und Freundschaften verändert sich, weil viele sich vom Trauernden zurückziehen und der Trauernde anfangs nicht die Kraft hat, von sich aus die Beziehungen zu halten und zu pflegen. Manches davon, wie der Schmerz oder die Trauer, werden abfließen und abebben, manches – wie ein anderer Freundeskreis – wird sich vielleicht wieder neu ergeben, aber *eines* bleibt: Der Verstorbene wird im realen Leben des Hinterbliebenen abwesend bleiben. Beim Tod eines Ehepartners wird der Hinterbliebene plötzlich zum Witwer oder zur Witwe, was je nach Alter dramatische Auswirkungen auf die soziale Position des Betroffenen in seinem Umfeld hat. Beim Tod eines Kindes werden die Eltern zu verwaisten Eltern, denen immer ein Kind fehlen wird. Die vierköpfige Familie wird plötzlich zu einer ganz anderen Familie, die sich nie mehr vollständig fühlen wird. Die verwaisten Geschwister werden nie mehr in ihrem Leben einen Bruder oder eine Schwester haben, mit der sie zum Beispiel später für die Eltern sorgen können. Kinder, die einen Elternteil verlieren, werden auf Dauer ohne ihn auskommen und aufwachsen müssen.

Diese Veränderungen werden also bleiben, weil der geliebte Mensch nicht mehr kommen wird. Es bleibt ein Leben *ohne* den geliebten Menschen, so schwer und fremd dieses sich auch anfühlen mag. Wie wird dieses so anders gewordene, sich fremd anfühlende Leben wieder zu *meinem* Leben?

Es bleibt unbegreiflich, dass du nicht mehr lebst – und doch muss ich damit leben

Wir können und wollen nicht begreifen, dass der geliebte Mensch sterben musste und nun nicht mehr lebt. Unmittelbar nach seinem Verlust ist dieses Nicht-begreifen-Können sehr mächtig. Immer wenn wir begreifen wollen, dass der geliebte Mensch nicht mehr lebt, greifen wir ins Leere. Die Abwesenheit des geliebten Menschen ist zwar ständig mit Händen zu greifen, und dennoch begreift es unsere Seele nicht. Sie will und kann nicht glauben, was geschehen, und nicht fassen, warum es geschehen ist. Das Nicht-Sein des geliebten Menschen können wir uns nicht vorstellen. Wir können nur realisieren, dass es so ist, aber nicht wirklich verstehen, wie und warum es so ist. Unser Gehirn scheint ein »Nicht« nicht abbilden zu können, weil es sich von der Realität ein konkretes Bild machen muss.

Im Verlaufe der Trauerzeit müssen wir es aufgeben, den Tod und die Abwesenheit unseres geliebten Menschen begreifen zu wollen. Wir müssen realisieren, dass wir es nie ganz begreifen werden. Das ist zunächst ein *Gewöhnungsprozess*. Unser geliebter Mensch ist nicht mehr da – so ist es jetzt, ob ich es verstehe oder nicht. Ich finde mich notgedrungen damit ab. Es dauert oft lange, bis Hinterbliebene bewusst sagen können, dass es kein Begreifen des Todes und der Abwesenheit des geliebten Menschen gibt und dieses dennoch die eigene Realität ist. Diese Zustimmung zum Nicht-Begreifen des Unbegreiflichen lässt uns auch aushalten, vielleicht sogar auch achtend annehmen, dass der geliebte Mensch im Äußeren abwesend ist und bleiben wird. Wenn uns dieses gelingt, wird unsere Energie nicht in ergebnislosen Verstehensversuchen verpuffen, sondern sie kann sich dem geliebten Menschen zuwenden. Je klarer wir dieses realisieren und gelten lassen, desto klarer und näher kann uns der geliebte Mensch paradoxerweise kommen. Und doch wird es immer wieder Augenblicke geben, in denen die ganze Unbegreiflichkeit, ja »Verrücktheit« des Geschehenen aufbricht und wir uns wieder fassungslos an den Kopf greifen. Wir sollten uns dann diesem erneuten Nicht-Begreifen aussetzen und es bewusst annehmen. Es macht das Ungeheuerliche, das unserem geliebten Menschen und uns selbst geschehen ist, immer wieder deutlich. Und gerade das verhindert, dass wir in der Normalität des Alltags versinken und so leben, als wäre nichts geschehen. Es ist etwas geschehen, nämlich das Schlimmste, was geschehen kann. Und das hat alles verändert – bis heute, bis an das Ende unserer Tage.

Ein Leben ohne dich – ein Leben ohne eine Zukunft mit dir

Noch ein Weiteres ist durch den Tod des geliebten Menschen ganz anders geworden, nämlich die gemeinsame erhoffte, gedachte und geplante Zukunft. Sie ist plötzlich zunichte gemacht, den Weg in die gemeinsame Zukunft hat der Tod ein für alle Mal verbaut. Wenn es gilt, in der Trauerarbeit Abschied zu nehmen, dann ist es Aufgabe des Trauernden, die gemeinsame Zukunft zu verabschieden.

Ein junges Paar, beide Mitte zwanzig, plant den Umbau eines alten Hauses. Die Pläne sind schon angefertigt. Dann verunglückt der Mann wenige Tage vor der Hochzeit des Paares tödlich bei einem Motorradunfall. Der jungen Frau ist sofort klar, dass sie alleine oder auch später mit einem anderen Partner das Haus nicht mehr umbauen wird, jedenfalls nicht entsprechend den gemeinsamen Planungen. Sie legt die Bauzeichnungen weg und sagt dem Architekten ab.

Was als gemeinsame Zukunft vor Augen stand, ist nun ausgelöscht. Endet damit auch das eigene Leben? Das ist das erste Grundgefühl unmittelbar nach dem Tod des geliebten Menschen, zumal der Schmerz und die Trauer den Hinterbliebenen ganz auf die Gegenwart fixieren. Als Trauernde können wir nur Tag für Tag überleben und funktionieren. Der Blick in eine Zukunft, die es so nicht mehr gibt, geht ins Leere. So etwas wie eine *Zukunftsplanung* ist undenkbar. Erst allmählich realisieren wir, dass wir die gemeinsam erhoffte Zukunft begraben müssen. Das ist zunächst mehr ein Gewöhnungsprozess als eine bewusste Entscheidung. Irgendwie geht das Leben weiter, ohne dass wir es planen und entwerfen würden. An kleinen, fast nebensächlichen Schritten entdecken wir, dass wir doch in die Zukunft denken. Wir vereinbaren einen Besuch bei Freunden, wir planen einen Kurzurlaub oder wir denken daran, im nächsten Frühjahr den Garten umzugestalten. Unbemerkt entsteht in uns so wieder eine Zukunftsfähigkeit, die aus dem Unbewussten kommt, weil unsere Seele als wachsendes System immer auch in die Zukunft hineinlebt. Erst jetzt können wir uns bewusst auch von der gemeinsamen Zukunft mit dem geliebten Menschen verabschieden. Was wir gemeinsam geplant und erhofft haben, ist so nicht mehr möglich. Ich muss mich verabschieden von der Vorstellung, dass ich mit meinem Sohn erleben werde, wie er studiert, wie er seinen Beruf macht, wie er vielleicht heiratet und Kinder haben wird. All das stelle ich mir manchmal vor und zugleich weiß ich, dass ich es mit ihm nicht mehr erleben werde.

Manches von dem gemeinsam Geplanten – wie etwa eine besondere Urlaubsreise – kann ich dennoch machen, zwar ohne meine geliebten Menschen, aber doch so, dass er für mich innerlich dabei ist. Allmählich aber werde ich in mir auch wieder Lebenswünsche spüren, für die ich in die Zukunft blicke und die ich noch umsetzen will. So wird die vorliegende Lebenszeit wieder zu meiner eigenen Zukunft, die ganz anders ist als gedacht.

Dein Tod hat mich nicht zerbrochen – und doch bleibt etwas Gebrochenes in mir

Der Tod eines geliebten Menschen ist nicht nur ein tiefer Einschnitt in das Leben eines Hinterbliebenen, sondern auch ein vernichtender Schlag, der alles zu zerbrechen scheint. Trauernde kommen in den ersten Zeiten nach dem Verlust deshalb häufig an die Grenzen der eigenen Kraft, und sie stellen sich immer wieder die Frage: »Habe ich genug Kraft, das Schlimmste, was mir geschehen konnte, auszuhalten und zu tragen? Werde ich daran nicht zerbrechen?« Fast alle Trauernden machen die dann doch überraschende Erfahrung, dass ihre Seele ihnen gerade die Kraft zu Verfügung stellt, die nötig ist, um das Schlimmste zu überstehen. Manche werden durch den Tod in ihren Stärken so herausgefordert, dass in ihnen ganz ungeahnte Kräfte wach werden. Im Rückblick wissen wir oft nicht, wie wir die schlimmste Anfangszeit der Trauer überstehen konnten, und wir wundern uns, dass wir daran nicht zerbrochen sind. Wenn es in der Trauer überhaupt ein Wunder gibt, dann ist es neben der Entdeckung der unendlichen Liebe zum Verstorbenen die Entdeckung, dass meine Seele ungeahnte Kräfte in sich hat, die auch dem Tod widerstehen können.

Auch wenn Trauernde nicht an ihrem Verlust zerbrechen, zerbricht etwas in ihnen, das als Gebrochenes zurückbleibt. Eltern, deren Kind stirbt, verlieren oft auch etwas von ihrem Vertrauen in das Leben. Ein Teil des selbstverständlichen Urvertrauens geht zu

Bruch und ist kaum mehr wiederherzustellen. Ähnlich geht es Geschwistern, die Bruder oder Schwester verloren haben, und Kindern, deren Eltern zu früh starben. Oft fühlen sie sich immer ein wenig fremd im Leben. Menschen, die ihren Partner verlieren, verlieren häufig einen Teil ihrer Offenheit gegenüber dem Leben.

Auch wenn ich als Trauernder nicht zerbreche, so bleibt doch etwas Gebrochenes in mir. Der Tod als zerstörerische Macht hat mich damit unwiderruflich verändert. Auch beraterische oder therapeutische Hilfe kann dies nicht heilen. Es geht darum, wie ich mit dem Gebrochenen in mir leben kann. Ich kann es abspalten oder einkapseln, doch auf Dauer bleibt dies als verschlossener Fremdkörper virulent. Besser ist es, das Gebrochene in mir *anzuerkennen* als etwas, das immer wieder schmerzen wird. Der Tod meines geliebten Menschen hat mich damit für immer gezeichnet. Mit dem Tod, der mich gezeichnet hat, bin ich ein anderer geworden. Auch darin ist mein geliebter Mensch in mir eingezeichnet und eingeschrieben. Und auch deshalb werde ich meinen geliebten Menschen nicht verlieren. Das Gebrochene in mir bleibt eine offene Stelle, in der sich mein geliebter Mensch finden lässt.

Und ich entscheide mich wieder für mein Leben

Die Abwesenheit des geliebten Menschen und die Unbegreiflichkeit bleiben, die Zukunft wird ohne ihn zu leben sein, und mit dem Gebrochenen in mir muss ich zurechtkommen. Trauernde wehren sich zunächst gegen diese unumstößlichen Tatsachen ihres nun ganz anderen Lebens, bis sie einsehen müssen, dass sie nichts daran ändern können. Allmählich gewöhnen sie sich an diesen Zustand im Sinne des Satzes: »So ist es jetzt eben.« Diese eher resignative Gewöhnung an das Unveränderliche aber lähmt nicht nur das eigene Leben, sondern auch die Liebe zum Verstorbenen.

Deshalb ist es gegen Ende des Trauerweges sinnvoll, sich noch einmal bewusst für das jetzige Leben als das *eigene* Leben zu entscheiden. Es ist zwar ein Leben ohne meinen geliebten Menschen, aber es ist mein Leben, und ich will es wieder zu meinem machen. Ich kann mir bewusstmachen, dass mein geliebter Mensch mir genau diese Entscheidung wünscht. Und ich lebe dieses Leben, das wieder zu meinem wird, nicht nur für mich. Ich lebe es auch für meinen geliebten Menschen, indem ich zum Beispiel etwas von ihm als Vermächtnis und als Aufgabe weiterlebe. Ich entscheide mich für mein Leben und so auch dafür, in diesem Leben meinen geliebten Menschen zu lieben.

So nehme ich meinen geliebten Menschen in mein jetziges Leben hinein, er ist Teil dieses veränderten Lebens. Ich kann nun neugierig werden, wie sich das in meinem Leben auswirkt, wie mein geliebter Mensch mich begleitet und mir immer wieder entgegenkommt. So blicke ich nun offen und interessiert in das Kommende, das mein Leben sein wird. Und ich freunde mich mit meinem Leben wieder an, mit dem Wunsch, dass es bei aller bleibenden Wehmut und Sehnsucht auch freundlich sein wird.

- Lassen Sie immer wieder zu, dass Ihr jetziges Leben ohne Ihren geliebten Menschen Ihnen fremd erscheint. Das zeigt Ihnen, dass Ihr Leben ein anderes geworden ist. Das ist angesichts Ihres Verlustes auch angemessen.
- Überlegen Sie immer wieder, wie Sie Ihren geliebten Menschen ganz bewusst in dieses Leben hineinnehmen und ihn an Ihrem Leben teilnehmen lassen.
- Spüren Sie, was in diesem so anders gewordenen Leben dennoch schön sein kann. Das können die kleinsten Dinge sein, von denen Sie sich überraschen oder erfreuen lassen.
- Freunden Sie sich allmählich mit dem Leben an, das nun das Ihre ist. Sagen Sie sich: »Ja, das ist mein Leben und ich nehme es als meine Leben wieder an.«
- Spüren Sie, welche Lebenswünsche in Ihnen allmählich wieder aufkeimen, und planen Sie behutsam deren Verwirklichung. Lassen Sie daran Ihren geliebten Menschen teilhaben.
- Wenn Sie in Ihre Zukunft blicken, dann stellen Sie sich vor, dass am Ende dieser Zukunft Ihr geliebter Mensch auf Sie wartet. So fällt auf Ihre nun ganz anders gewordene Zukunft das Licht einer besonderen Hoffnung.

2. Immer wieder vermisse ich dich – und dann bist du plötzlich wieder da

Trauernde: Nach fünf Jahren vermisse ich meine Tochter immer noch, ist das normal?

Trauerbegleiter: Ich weiß nicht, ob es normal ist, aber Ihre Tochter bleibt tatsächlich abwesend.

Trauernde: Und das wird mir immer wieder bewusst.

Trauerbegleiter: Das darf immer noch wehtun.

Trauernde: Und ich muss da nicht endlich darüber weg sein?

Trauerbegleiter: Nein, Ihr Gefühl drückt aus, was Realität ist.

Trauernde: Mir geht es doch auch ganz gut, aber es gibt Zeiten, da brechen diese Gefühle wieder auf.

Trauerbegleiter: Gefühle von Vermissen und Sehnsucht nach Ihrer Tochter?

Trauernde: Ein leiser, ziehender Schmerz.

Trauerbegleiter: So etwas wie Wehmut?

Trauernde: Ja, genau.

Trauerbegleiter: Ich denke, die wird und die darf bleiben. Auch deshalb, weil sie Ihre Tochter Ihnen immer wieder nahebringt.

Schwere Tage und Zeiten kommen – und dann bist du wieder näher bei mir

Auch wenn ich nun im Alltag meinen geliebten Menschen nicht mehr ständig vermisse, gibt es Momente, in denen das alte Missen und Sehnen wieder aufbricht. Dies geschieht besonders an den Tagen, die mit Erinnerungen an den geliebten Menschen verbunden sind, wie zum Beispiel sein Todestag oder Geburtstag.

Im September, wenn das Wetter spätherbstlich wird, schleicht sich in meiner Brust eine Traurigkeit ein, für die es zunächst scheinbar keinen Anlass gibt. Doch alles in dieser Zeit erinnert mich zuerst unbewusst, dann immer bewusster daran, dass der

Todestag meines Sohnes ansteht. Dieser Tag kommt dann wie eine dunkle Wolke auf mich zu, was mich niederdrückt und mit leisem Schmerz erfüllt. Am liebsten würde ich die Augen verschließen und mein Fühlen abstellen, damit ich den Todestag meines Sohnes nicht erleben muss. Doch ich spüre, dass das nicht möglich ist und dass sich dann meine Traurigkeit in einer depressiven Schwere niederschlägt. Die einzige Lösung ist es, dass ich mich dem Todestag und dem Tod meines Sohnes stelle und wieder mein Sehnen und Missen spüre. Und dieses bringt mir meinen Sohn wieder nahe, schmerzlich zwar, aber auch doch auch so, dass ich meine Liebe zu ihm wieder deutlicher spüre.

Solche Gedenk- und Erinnerungstage sind schwer und doch nötig, weil sie mich immer wieder auf meinen Sohn hin ausrichten. Sie unterbrechen meine mit vielen Aufgaben und Pflichten gefüllte Alltagsroutine, in der mein Sohn manchmal zu sehr in den Hintergrund tritt. So kommt mir mein Sohn wieder näher und ich bin in meinen Gedanken wieder mehr bei ihm.

Auch Phasen von zunächst nicht verständlicher Müdigkeit, Niedergeschlagenheit oder Depressivität weisen darauf hin, dass ich mir wieder das Fehlen meines geliebten Menschen bewusster machen sollte. Oft ist auch wieder die Trauer zu Gast und teilt uns mit, dass wir uns wieder intensiver auf die innere Beziehung zu unserem geliebten Menschen einlassen sollten.

Wenn es für mich so schön ist – dann vermisse ich dich doch wieder

Hoffentlich können wir allmählich wieder Schönes erleben und genießen, nicht zuletzt weil der geliebte Mensch es uns auch wünscht. So wird das Leben wieder mehr zu *meinem* Leben, mit dem ich mich über das Schöne anfreunde. Doch gerade der schöne Augenblick, der Augenblick des Genießens, kann mein Sehnen nach meinem geliebten Menschen wieder wachrufen. Ich sitze in einem Konzert, bin ganz in den Klängen des Orchesters versunken, und dann fühle ich, wie mir Tränen über die Wangen laufen. Jetzt spüre ich angesichts des Schönen, wie traurig es ist, dass mein Sohn sterben musste und nicht mehr leben darf. Ich sehe eine rührende Liebesszene im Film, und plötzlich will ein Schluchzen aufsteigen. Die Filmszene konfrontiert mich damit, dass das mein Sohn nie mehr erleben kann.

In solchen Situationen wird das Schöne – um ein bekanntes Rilke-Wort abzuwandeln – des Traurigen Anfang. Im schönsten Augenblick kommt mir das Leben und komme ich mir selbst ganz nahe. In dieser dichten Präsenz meiner selbst wird aber auch deutlich, dass mein geliebter Mensch jetzt abwesend ist. Dann wird mir plötzlich bewusst, dass mein geliebter Mensch dieses jetzt nicht erleben kann, dass er nicht dabei ist und dass ich es ihm nicht direkt erzählen kann.

Das Schöne schlägt plötzlich ins Tieftraurige um und wird vom Dunkel des Schmerzes getönt, auch deshalb, weil ich mit dem Tod meines geliebten Menschen erfahren habe, dass alles Schöne sein Ende hat, manchmal auch sein schreckliches Ende. Im Schönen blitzt immer die Endlichkeit und damit der Tod auf. In der unmittelbaren Gegenwart zeigt sich die Abwesenheit des geliebten Menschen. Das Schöne hat nun eine zweite Dimension, nämlich die des Schmerzes und der Trauer. Wir sollten diese Seite gelten lassen, weil sie nun zu unserem Erleben des Schönen gehört. Dieser Aspekt der Trauer wird nicht bei allem Schönen, wohl aber bei den intensivsten Erlebnissen aufbrechen. Dann könnten wir es als Impuls nehmen, im schmerzlichen Schönen an unseren geliebten Menschen zu denken und ihn in unser Fühlen hineinzunehmen. Er ist nun präsent und hat Teil am Erleben des Schönen. Das wiederum hat etwas eigenes Schönes und gibt meiner Beziehung zu meinem geliebten Menschen eine intensive Dichte, wie ich sie im Alltag sonst kaum mehr erleben kann. Das Schöne ist also nicht nur des Traurigen Anfang, sondern auch *der Liebe* Anfang, die ich für meinen geliebten Menschen in diesem dichten Moment jetzt spüre.

Meine Wehmut wird bleiben – sie erinnert mich immer wieder an dich

Auch wenn wir die Trauer ziehen lassen konnten, so hat sie die Stimmung unserer Seele doch verändert. Unsere Seele wurde insbesondere auf der unbewussten Ebene durch den Verlust und die

Trauer anders gestimmt. Es bleibt ein Mollton in den Tiefenschichten unserer Seele zurück, der an der Oberfläche nicht ständig präsent ist. Im Alltag können wir durchaus wieder lachen, wir können auch wieder fröhlich oder unbeschwert sein. Im Hintergrund bleibt aber sehr oft eine Stimmung, die wir am besten mit dem Wort »Wehmut« beschreiben können.

Sie ist eine »Verwandte« der Trauer, die jedoch viel feiner und zurückhaltender in meiner Seele wohnt als der Schmerz der Trauer. Immer wieder meldet sie sich ganz eigenständig in dem Gefühl, dass es »mir ums Herz wehe wird«. Es ist wie ein Anflug, wie ein Hauch von Schmerz, der mich wie mit einem feinen Schleier umfängt. Wenn ich dann dem genauer nachspüre, dann weiß ich, woher dieser Hauch von Wehmut kommt: Es ist das Fehlen meines geliebten Menschen in meinem Leben. Oft spüre ich aber auch direkt, dass mir jetzt mein geliebter Mensch fehlt. Dann schmerzt es nun nicht mehr bohrend und hämmernd wie in der Anfangszeit, sondern in Form der leisen Wehmut und des Gefühls des Missens. Die Wehmut hat dabei auch eine Tendenz und eine innere Bewegung: Sie will mich zurück zur verlorenen Heimat und – im Falle eines Verlustes – zum geliebten Menschen führen. Das Ziehen, das wir in der Wehmut verspüren, richtet uns auf feine, sensible Weise auf unseren geliebten Menschen aus. Die Wehmut kann in dieser Welt nicht mehr gestillt werden, sie kann nur in der Begegnung mit dem geliebten Menschen zur Ruhe kommen.

- Bleiben Sie offen für die feinen Stimmungen des Missens, des Sehnens und der Wehmut. Sie gehören zu der veränderten Grundstimmung Ihrer Seele und sie weisen Sie immer wieder auf Ihren geliebten Menschen hin.
- Nehmen Sie die besonderen Gedenktage, aber auch das besonders Schöne zum Anlass, Ihre Wehmut zu spüren.
- Gehen Sie Ihrer Wehmut und Ihrem Missen nach. Sie werden dann wieder Ihrem geliebten Menschen nahekommen und er Ihnen.
- Kehren Sie dann auch bewusst wieder in Ihr *eigenes* Leben als *Ihr* Leben zurück. Sie dürfen es ganz und gar

leben, weil Sie wissen, dass Ihr Sehnen und Ihre Wehmut Sie in der Beziehung zu Ihrem geliebten Menschen halten werden – gerade und besonders auch im Schönen und Schönsten.

3. Du bist Teil meiner Seele – und deshalb in meinem Leben immer präsent

Trauernde: Meine Tochter ist immer mit bei mir im Klassenzimmer.

Trauerbegleiterin: Sie ist so etwas wie eine Hilfslehrerin?

Trauernde: Ja! Nein, eigentlich viel mehr. Sie spürt viel besser als ich, was meine Schülerinnen und Schüler brauchen.

Trauerbegleiterin: Dann ist sie einfühlsame Ratgeberin?

Trauernde: Ja, dann sehe ich sie neben mir, wie sie mich anschaut. Und dann weiß ich, was ich dieser Schülerin oder diesem Schüler sagen muss.

Trauerbegleiterin: Steht Ihre verstorbene Tochter Ihnen auch an anderer Stelle zur Seite?

Trauernde: Ja, oft ist Paula einfach nur da, wie soll ich sagen, einfach nur da – als Gefühl.

Trauerbegleiterin: Sie spüren dann ihre Präsenz und Kraft?

Trauernde: Irgendwie ist sie da, und das genügt dann.

Trauerbegleiterin: Paula ist ein Teil von Ihnen, ganz nah und ganz sicher in Ihnen.

Du bist Teil meiner Seele – und so bleibst du für immer in mir verankert

Auch wenn wir nun mehr und mehr wieder ins Leben zurückkehren, geht uns der geliebte Mensch nicht verloren. Wir nehmen ihn mit in unser Leben, weil er zu einem festen Teil unserer Person und unseres Körpererlebens geworden ist.

Auf meine Frage, wo sie ihren verstorbenen Mann in ihrem Körper spüre, antwortet eine sechzigjährige Witwe, die ihren Mann vor drei Jahren verloren hat, mit einem Lächeln: »Hier unter meinem Herzen. Und da nehme ich ihn überallhin mit.« Dann überlegt sie und ergänzt: »Er muss dann auch dorthin mitgehen, wo er früher nicht gerne mit mir hinging.«

Schon zu Lebzeiten haben wir unseren geliebten Menschen als ein inneres Bild tief in unserer Seele abgespeichert. Aus der Hirnforschung wissen wir, dass wir wichtige Menschen nach innen nehmen und ihr Bild ganz sicher in unserem emotionalen Gedächtnis gespeichert ist. Intensive Beziehungen und Bindungen an Menschen bleiben dort ein ganzes Leben lang gespeichert. Die Bindungsforschung hat uns gezeigt, dass sich unsere Bindungserfahrungen mit den wichtigsten Bezugspersonen unseres Lebens in Form von sogenannten Bindungsstilen niederschlagen. Weil Bindungen schon für unser Überleben als Kind so wichtig sind, werden sie stabil und überdauernd als emotionale Erfahrungen gespeichert. Wir erleben und verhalten uns in Beziehungen immer wieder in einer ähnlichen Weise, so wie es uns unser Bindungsstil vorgibt. So sind auch die Bindungserfahrungen mit unserem geliebten Menschen sehr stabil als Bindungswissen in den tiefen und unbewussten Schichten unseres Gehirns gespeichert.

Zwar war durch den Tod unseres geliebten Menschen unsere Beziehung zu ihm vorübergehend bedroht, doch in der Trauerzeit haben wir unsere innere Beziehung zu ihm durch die Erinnerungsarbeit erneut realisiert und vertieft. Auch das Wissen um den sicheren Ort für unseren geliebten Menschen hat in uns eine Beziehungsgewissheit verankert, in der wir unseren geliebten Menschen ganz sicher als inneres Gegenüber wissen. In diesen Prozessen wird der geliebte Mensch so sehr ein Teil von uns, dass er geradezu einen Teil unserer Persönlichkeit darstellt.

Nicht immer denke ich an dich – und doch bist du im Hintergrund da

Kurz nach dem Tod unseres geliebten Menschen ist unser Denken und Fühlen gänzlich auf ihn und sein Fehlen ausgerichtet. Wir können gar nicht anders, als ständig an ihn zu denken. Diese intensive Beschäftigung mit dem geliebten Menschen tritt allmählich zurück und es gibt Zeiten, Stunden und Tage, an denen wir nicht an ihn denken. Viele Trauernde entdecken das mit einem Erschrecken. Doch es genügt ein Augenblick der Besinnung, dann ist der geliebte Mensch wieder präsent. Was sehr sicher in uns gespeichert ist, wird von unserem Gehirn im so genannten »impliziten« oder »unbewussten« Gedächtnis abgelegt. Damit »verschwindet« es zunächst aus unserem Bewusstsein, geht aber nicht verloren. Wir können uns das an dem einfachen Beispiel des Autofahrens verdeutlichen.

Wir wissen nicht mehr, wie wir Auto fahren. Das bewusste Wissen um die Abläufe beim Autofahren ist in den Hintergrund getreten. Wir können uns aber jederzeit bewusstmachen, was wir beim Autofahren tun.

Dazu müssen wir unsere bewusste Aufmerksamkeit wie einen Lichtkegel auf das Autofahren richten, dann wissen wir nicht nur, wie wir fahren, sondern wir erinnern uns auch an die erste Fahrstunde oder an die Fahrprüfung. Es ist also eine Frage unserer *Aufmerksamkeitsfokussierung*, wie viel wir von dem Unbewusst-Gewordenen wieder bewusst wissen wollen. Mit der Fokussierung der Aufmerksamkeit kann ich das aus dem Hintergrund nach vorne bringen, was mir wichtig ist.

Wenn ich den Eindruck habe, mein geliebter Mensch sei zu sehr in den Hintergrund meines Lebens gerückt, kann ich mich fragen, wie viel meiner Aufmerksamkeit, meines Fühlen, meines Denken und letztlich meiner Liebe ich wieder auf ihn richten will. Dabei helfen uns auch die Erinnerungstage wie sein Geburt- oder Todestag. Auch unsere Sehnsucht oder unsere Wehmut könnten Impulse sein, unser Denken und Fühlen auf unseren geliebten Menschen zu fokussieren und ihn damit wieder auf die Bühne unseres Lebens zu holen.

Du begleitest mich – und du tust das auf deine Weise

Der Verstorbene ist für die Hinterbliebenen nicht nur ein abstrakter innerer Teil, sondern häufig Gesprächspartner, Berater oder Begleiter. Am Beginn des Trauerweges ist er meist ganz direkter Gesprächspartner, mit dem der Trauernde alles bespricht. Eine sechzigjährige Frau, deren Mann vor einem Jahr verstarb, setzt sich ungern an das Steuer ihres Autos. Auf dem Beifahrersitz liegt noch immer die Mütze ihres Mannes. Wenn sie ins Auto einsteigt, blickt sie auf den Beifahrersitz und fühlt sich sicherer. Wenn sie beim Autofahren in schwierige Situationen gerät, fühlt sie sich von ihrem Mann unterstützt.

Wie für diese Frau bleibt der Verstorbene für manche Hinterbliebene in dieser Weise ein konkreter Begleiter und Gesprächspartner. Bei den meisten Hinterbliebenen verändert sich dies allmählich.

Aus dem lauten Dialog wird ein leiser innerer Dialog, oft auch ein inneres Verstehen und Einverständnis ohne Worte mit dem Verstorbenen. Der konkrete Begleiter wird zu einem Gefühl des Begleitetseins, das mich stärkt. Der unmittelbare Berater oder die Beraterin wird häufig zu einem Gefühl von hilfreicher Nähe, in dem ich mich von meinem geliebten Menschen getragen und unterstützt fühle. Für manche Hinterbliebene wird der Verstorbene zu einer Kraft- und Energiequelle, in der ihnen der geliebte Mensch indirekt nahe ist. Für andere Hinterbliebene wird der Verstorbene zunehmend zu einem geistigen Wesen, einem Engel vergleichbar. Ein Vater erlebt diese Wandlung seines verstorbenen Sohnes in einem Traum, in dem er seinen Sohn in goldenes Licht getaucht sieht und dieser mit einer überirdisch klingenden Stimme singt.

Im Verlauf des Trauerweges entwickelt sich also sehr häufig aus dem konkreten Gegenüber des Verstorbenen eine symbolische oder geistige Gestalt. Diese wird nicht mehr als konkretes Bild gesehen, sondern als intensives Gefühl von Präsenz oder als Energiefluss erlebt. Oft wird dieser nun sehr integrierte, anverwandelte Verstorbene als inneres Licht, als Erfahrung von Wärme oder als Leuchten beschrieben.

Dieser Entwicklungsprozess vom konkreten Gegenüber zu einem inneren, fast schon abstrakt zu nennenden Prinzip verläuft nicht zwangsläufig. Wir sollten dies auch nicht willentlich anstreben. Schon gar nicht sollten wir dies bewerten, als wäre die Erfahrung eines konkret erlebbaren Gegenübers besser oder schlechter als die Erfahrung des Verstorbenen als innere Kraftquelle. Es ist in Ordnung, wenn Hinterbliebene ihren Verstorbenen weiterhin als konkretes Gegenüber erleben. Auch Menschen, für die ihr geliebter Mensch zu einer inneren Energiequelle geworden ist, besitzen weiterhin das Bild von ihrem ganz individuellen, konkreten Menschen.

Wie immer sich unser geliebter Verstorbener in unserem Inneren entwickelt, er wird sich so entwickeln, wie es für ihn und unsere Beziehung stimmt. Wir können und dürfen den geliebten Menschen in uns nicht selbst »machen«. Er wird sich auf seine Weise bei uns einstellen und sich in uns und uns gegenüber entwickeln.

- Machen Sie sich immer wieder bewusst, dass Ihr geliebter Mensch zu Ihrer Lebensgeschichte gehört, dass er Sie geprägt und mitgeformt hat. So hat er unauslöschliche Spuren in Ihnen hinterlassen. In welchen Spuren ist Ihr geliebter Mensch in Ihnen präsent?
- Stellen Sie sich Ihre Persönlichkeit als ein Haus vor. In diesem Haus gibt es verschiedene Stockwerke und Zimmer, in denen bestimmte Aspekte oder Anteile von Ihnen »wohnen«. Dann überlegen Sie, wie und wo Ihr geliebter Mensch in diesem Haus vorkommt. Bewohnt er ein besonderes Zimmer? Wie sieht dieses Zimmer aus? Haben Sie Zugang zu diesem Zimmer?
- Spüren Sie immer wieder in Ihren Körper hinein und machen Sie sich bewusst, dass Ihr geliebter Mensch hier als Teil von Ihnen präsent ist. An welcher Körperstelle ist er bei Ihnen verkörpert oder berührt er Sie immer wieder?
- Prüfen Sie, welche Eigenschaft, welche Fähigkeit und welche Energie Ihres geliebten Menschen zu einem Teil von Ihnen geworden sind. Vergegenwärtigen Sie sich diese Seite Ihres geliebten Menschen, die zu einem Aspekt von Ihnen geworden ist, und sagen Sie ihm zum Beispiel: »Dein Lachen ist zu meinem Lachen geworden. Ich danke dir dafür.«
- Spüren Sie Ihren geliebten Menschen, so wie er sich Ihnen zeigt: Er kann Ihnen als konkretes Gegenüber begegnen, mit dem Sie reden wollen, oder er kann als innere Kraft- und Energiequelle in Ihnen präsent sein. Sagen Sie Ihrem geliebten Menschen: »Wie immer du mich begleitest, es ist recht so, und ich freue mich über deine Gegenwart.«

- Gehen Sie bewusst und aktiv in Ihr Leben. Dabei darf Ihr geliebter Mensch auch über längere Zeit in den Hintergrund treten, weil Sie wissen, dass er zu einem unverlierbaren Teil von Ihnen geworden ist. Ihr geliebter Mensch nimmt an Ihrem Leben im Hintergrund teil. Er lächelt und winkt Ihnen freundlich aus seiner für ihn stimmigen Ferne zu.

4. Andere Menschen treten in mein Leben – und du gehörst weiter zu meinem Leben

Trauernder: Ich habe eine Frau kennengelernt, und jetzt bin ich mir unsicher, ob…

Trauerbegleiterin: Ob das in Ordnung ist?

Trauernder: Nein, meine verstorbene Frau hat mir eine neue Partnerschaft ausdrücklich gewünscht. Meine Frage ist, ob das gehen kann.

Trauerbegleiterin: Wenn alle Beteiligten es wollen und es mit großer Behutsamkeit und vor allem mit Achtung und Respekt leben, dann ist das aus meine Erfahrung nicht nur möglich, dann kann es gut gehen.

Trauernder: Gut gehen?

Trauerbegleiterin: Jeder kann einen eigenen und für ihn ausgezeichneten Platz finden – ihre verstorbene Frau und eine zweite Partnerin.

Trauernder lacht: Und wo bleibe ich?

Trauerbegleiterin: Sie können ein zweites Glück finden, wenn Sie Ihr erstes Glück mit Ihrer ersten Frau achten und in Ehren halten.

Trauernde: Und meine neue Partnerin…?

Trauerbegleiterin: Die muss Ihre erste Frau auch anerkennen und muss anerkennen, das der vorige Teil Ihres Leben zu Ihrem Leben gehört, ebenso wie Ihre erste Frau.

Trauernder: Ob sie das wohl kann?

Trauerbegleiterin: Sie wird es wohl lernen müssen, vielleicht will sie es auch. Wenn sie Sie liebt, dann wird sie Sie *ganz* lieben, auch mit Ihrem bisherigen Leben und mit Ihrer inneren Beziehung zu Ihrer ersten Frau.

Trauernder: Nicht so einfach.

Trauerbegleiterin: Nein, nicht einfach, aber die Liebe bekommt das hin. Und es ist nun eine doppelte Liebe, die zu Ihrer verstorbenen Frau und die zur neuen Partnerin. Und beides hat seinen Platz und seine Berechtigung – wenn Sie es wollen, aus Liebe.

Du hast deinen sicheren Ort in meinem Leben – gewürdigt, aber auch begrenzt

Am Ende des Trauerweges kommen andere Menschen in das Leben eines Hinterbliebenen. Dann stellt sich noch einmal die *Loyalitätsfrage*: Darf ich mir das wünschen und – wenn es dann geschieht – es zulassen? Wende ich mich einem anderen zu und von meinem geliebten Menschen ab? Verrate ich nun nicht meinen geliebten Menschen? Dahinter steht die Angst, dass der geliebte Mensch ersetzt und damit aus dem eigenen Leben gedrängt wird.

Ein Mann, der seine Frau vor drei Jahren verloren hat, lernt eine neue Partnerin kennen. Als sie in sein Haus kommt, fühlt sie sich von den vielen Fotografien der verstorbenen Ehefrau, die im ganzen Haus – beginnend mit dem Eingangsbereich – aufgehängt sind, befremdet. In diesem Haus und damit im Herzen dieses Mannes, so weiß sie intuitiv, hätte sie keinen Platz. Kann dieser Mann den Raum, den er seiner verstorbenen Ehefrau gibt, begrenzen? Kann er sich darauf einlassen oder ist er – aus Sicht der neuen Partnerin – zu sehr an sie gebunden?

Zunächst nehmen die Anfangstrauer und der Verstorbene selbst den ganzen Raum im Leben der Hinterbliebenen ein. Das ist nicht nur in Ordnung, sondern auch nötig, damit wir unsere sichere innere Beziehung zu unserem abwesenden geliebten Menschen finden. Das kann sich wie in diesem Beispiel auch sehr konkret darin zeigen, dass die Fotografien oder andere Erinnerungsstücke alles einnehmen.

Mit zunehmender Zeit werden wir unsere Trauer begrenzen, auch damit unsere Liebe zu unserem geliebten Menschen mehr Raum einnehmen kann. Wenn wir dann einen sicheren Ort für unseren geliebten Menschen gefunden haben, wird auch sein Raum, den er in unserem Denken und Fühlen einnimmt, begrenzt werden. Der geliebte Mensch erhält einen guten und gewürdigten Platz im Leben der Hinterbliebenen, der ihm sozusagen zugewiesen ist. Damit ist er aber auch begrenzt. Eine Familie, die zunächst an allen Fenstern eine Kerze für den verstorbenen Sohn aufgestellt hatte, hat nach einem Jahr nur noch eine Kerze in der Gedenkecke aufgestellt.

Sollte der geliebte Mensch aber auf Dauer einen übergroßen, alles ausfüllenden Raum einnehmen, dann haben andere Menschen keinen Platz mehr. Dies gilt sowohl für die bisherigen als auch für neu dazukommende Menschen. In einer Familie ist es zum Beispiel wichtig, dass auch die Geschwister des verstorbenen Kindes allmählich wieder ihren Platz und damit ihre Aufmerksamkeit, Zuwendung und Liebe erhalten. In der Familie muss es wieder eine Ausgewogenheit der Bedeutung der einzelnen Familienmitglieder geben, also auch zwischen dem verstorbenen Kind und den anderen Familienmitgliedern. Das verstorbene Kind, aber auch seine zurückbleibenden Geschwister und die Eltern als Mann und Frau und damit auch als Partner füreinander haben das Recht auf ihren besonderen, ausgezeichneten Platz in der Familie. Und diese Plätze dürfen mit zunehmender Zeit nicht mehr von der Trauer überschattet und von dem geliebten verstorbenen Menschen überstrahlt werden. Vielmehr dürfen auch die Plätze der anderen wieder mit der ihnen eigenen Farbe leuchten.

Um für eine neue Partnerschaft offen zu werden, muss sich der hinterbliebene Partner Folgendes klarmachen: Mein verstorbener, geliebter Mensch hat seinen sicheren Platz in meinem Leben und in meinem Herzen. Am Ende des Trauerweges ist das ein begrenzter Platz. So kann in meinem Herzen und Leben auch wieder ein Platz für jemanden anderen frei werden. Mein Herz ist größer, als ich das in der Trauer erlebe, und mein Herz hat mehr Plätze, als es zunächst scheint. Es bleibt allerdings die Entscheidung des Hinterbliebenen, ob er eine Tür und damit einen Raum für einen weiteren Lebensgast öffnen will.

Und wenn jemand anderes kommt – nie wird er dich ersetzen

Eine Frau mit Kindern im Alter von sechs und acht Jahren beginnt nach dem Unfalltod ihres Ehemanns mit dessen Freund eine Partnerschaft. Nach kurzer Zeit zieht der neue Partner in das Haus der Familie. Nun werden alle Bilder, alle Erinnerungsstücke und alles, was vom Ehemann stammt, entfernt. Die Kinder haben kaum eine Chance, ihrem Vater in ihrem Erinnern und Fühlen nahe zu sein. Wenn sie dann bei den Großeltern väterlicherseits zu Besuch sind, schauen sie sich stundenlang Fotoalben und Videofilme über ihren Vater an. Sie scheinen dabei das auszugleichen, was in ihrem vom Vater leer geräumten und sterilisierten Elternhaus nicht mehr möglich ist. Abgesehen von der Problematik der Kinder hat eine Partnerschaft, die eine vorige Beziehung so massiv ausblendet, keine langfristige Chance auf ein eigenes Glück.

Nicht nur der Verstorbene, sondern auch das bisherige Leben mit ihm ist bleibender und unauslöschlicher Teil des Hinterbliebenen. Beides darf nicht geleugnet, ausgelöscht oder ersetzt werden. Sollten dies Hinterbliebene tun, wird sich das Vergangene melden und seinen Platz einfordern.

Ein sechzigjähriger Mann hatte seine erste Frau durch Brustkrebs verloren. Er hat intensiv um seine Frau getrauert. Nach drei Jahren heiratet er wieder. Nun kommt er in die Beratung, weil er nachts im Schlaf laut den Namen seiner ersten Frau ausruft. Im Gespräch wird deutlich, dass er seiner ersten Frau zu wenig Raum gibt. Im nächtlichen Rufen meldet sich sein Unbewusstes und gibt ihm den Auftrag, seiner ersten Frau mehr Bedeutung zu geben und sie mehr zu würdigen.

Der Verstorbene und das Unbewusste des Hinterbliebenen brauchen die eindeutige Zusicherung, dass der geliebte Verstorbene seinen sicheren Platz im Herzen des Hinterbliebenen für immer behalten und dass er nicht ersetzt werden wird. Mehr noch: Als der, der früher in das Leben des Hinterbliebenen getreten ist, hat er einen Vorrang. Er hat mich als Hinterbliebenen früher und deshalb nachhaltiger geprägt. Und dieser Vorrang muss nicht nur gegenüber dem geliebten Verstorbenen, sondern auch gegenüber dem neu hinzukommenden Menschen ausgesprochen werden.

Nur so können der Hinterbliebene und der Hinzukommende die besondere Bedeutung des Verstorbenen ermessen, schätzen und würdigen.

Auch ein anderer Mensch bekommt seinen Platz bei mir – und dieser ist ein anderer als deiner

Kommt ein neuer Mensch in das Leben der Hinterbliebenen, braucht auch er seinen eigenen Raum und Platz. Eine Frau, die ihr behindertes zweijähriges Kind verloren hat, ist wieder schwanger. In der Beratung kläre ich mit ihr, ob ihr verstorbenes Kind einen guten und auf Dauer sicheren Platz hat und ob es in ihrem Herzen schon Raum für das kommende Kind gibt. Jedes Kind, das verstorbene und das kommende, braucht seinen ganz eigenen und als besonders ausgezeichneten Platz. Für das kommende Kind ist das sehr wichtig, soll es nicht nur Ersatz für das erste Kind sein. Das kommende Kind hat seine eigene Berechtigung und Bedeutung und wird nun seinen eigenen, ausgezeichneten Platz einnehmen. Es hat einen eigenen und anderen Namen als das verstorbene Kind, es wird einen eigenen und anderen Charakter haben. Darin will es von den Eltern mit eigenen Augen, mit eigenen Blicken gesehen und geschätzt werden. Nur so steht das dazukommende Kind nicht im Schatten des verstorbenen Kindes. Beide dürfen leuchten – das verstorbene und das kommende Kind. Und jedes Leuchten hat seine eigene Farbe.

Ähnliches gilt für eine neue Partnerschaft. Der zweite Partner darf nicht nur Ersatz oder Nachfolger sein, sondern er will um seiner selbst willen geliebt werden. Er will als Partner mit seiner eigenen Geschichte, mit seiner Persönlichkeit und mit seinen Wünschen heute geliebt werden. Und insofern hat nun die neue Partnerschaft Vorrang: Sie wird wesentlich im Heute und in der konkreten Realität gelebt, das Glück und die Fülle werden heute erlebt, und das ist auch in Ordnung. Die Beziehung zum Verstorbenen wird dabei zurücktreten, ohne dass sie verloren ginge. Dabei darf es nicht darum gehen, welche Beziehung als solche wichtiger oder weniger wichtig ist. Beide haben ihren besonderen Rang und eigenen Platz in der Geschichte und im Leben des

Hinterbliebenen, auch wenn die jetzige Partnerschaft in den Vordergrund und die Beziehung zum Verstorbenen in den Hintergrund rückt. Der Hinterbliebene kann die Beziehung zum Verstorbenen in den Hintergrund treten lassen, weil klar ist, dass sie nicht verloren geht, und weil sie ein unauslöschlicher Teil im Leben des Hinterbliebenen ist und bleiben wird.

Ein neuer Partner oder die Geschwister eines Kindes können und werden mit dem Wissen um den Verstorbenen leben, weil sie sicher sein können, dass auch sie einen geachteten und gewürdigten Platz haben, der von dem Platz, den der Verstorbene einnimmt, klar und deutlich unterschieden ist. Und sie können den Verstorbenen achten, weil sie erleben, dass jetzt die konkrete, leiblich erlebte Liebe gelebt und in der ganzen Fülle erlebt werden darf.

Auch wenn ich einen anderen Menschen liebe – dich liebe ich weiterhin

Ist es nicht zu viel verlangt, zwei oder mehrere Menschen zu lieben? Zunächst scheint es so, und doch ist genau dies die besondere Situation und Aufgabe nach dem Tod eines geliebten Menschen. Wenn der Hinterbliebene beispielsweise jemanden neu kennen und lieben lernt und dennoch den Verstorbenen weiter lieben möchte.

Auch Eltern können mehrere Kinder lieben, weil sie aus einer unendlichen Liebe heraus lieben. Die unendliche Liebe, auch die zum Verstorbenen, lässt sich teilen, und dabei bleibt jeder Teil der Liebe wieder unendlich. Das ist die »Mathematik des Unendlichen«, die auch für die Liebe gilt. So bleibt die Liebe zum geliebten Verstorbenen weiter unendlich, und eine Liebe zu einem anderen Menschen hat weiter ihre Unendlichkeit oder gewinnt an neuer Unendlichkeit, sollte ein neuer Mensch in mein Leben treten. Wenn ich mich meinem verstorbenen geliebten Menschen zuwende, dann wende ich mich ausschließlich ihm zu – und zwar aus meiner unendlichen Liebe zu ihm. Und wenn ich mich einem anderen Menschen zuwende, dann ebenfalls ganz und ausschließlich aus meiner unendlichen Liebe.

Zwar sind dann beide Lieben unendlich, und dennoch sind sie

unterschiedlich und sollten dies auch sein. So wie Eltern in ihren Lieben zu mehreren Kindern durchaus differenzieren können, so muss auch ein Hinterbliebener differenzieren zwischen der Liebe zum Verstorbenen und der Liebe zum jetzt lebenden Partner oder den anderen Kindern.

Die Liebe zum Verstorbenen bleibt eine ganz eigene und besondere Liebe. Sie ist natürlich durch die besondere Person des Verstorbenen ausgezeichnet, durch die gemeinsame Geschichte und das gemeinsame Schicksal seines Sterbens und seines Todes. Diese Liebe ist durch den Schmerz und die Trauer geadelt und erhält so ihr eigenes Gewicht und eine unauslöschliche Bedeutung. Sie ist eingebrannt durch die Trauer und bleibt eine innere, geistige Liebe, die in ihrer Verbundenheit über den Tod hinaus unendlich wertvoll ist. Sie ist in dieser Kraft unverwechselbar und durch keine andere Liebe zu ersetzten.

Eine neue Liebe oder die Liebe zu den Geschwistern des verstorbenen Kindes zeichnet sich dadurch aus, dass sie in der Gegenwart und in der konkreten, leiblich erlebten Realität gelebt werden kann. Der Hinterbliebene darf diese Beziehung mit allen Freuden und allem Glück jetzt ganz leben und auskosten. Darin ist diese Liebe unterschieden von der Liebe zum Verstorbenen und darin ist sie unverwechselbar.

- Trauen Sie Ihrer Seele, dass ihr Raum unendlich groß ist. Sie hat unterschiedliche und ausgezeichnete Plätze für den Verstorbenen und den anderen Ihnen wichtigen Menschen. Überlegen Sie, was jeden Platz von den anderen unterscheidet und ihn als besonders auszeichnet.
- Trauen Sie der Kraft Ihrer Liebe, dass Sie sich mehreren Menschen, dem Verstorbenen und den anderen Ihnen wichtigen Menschen ganz und doch unterschiedlich zuwenden können. Überlegen Sie, wie unterschiedlich sich Ihre Liebe zu diesen verschiedenen Menschen anfühlt, welchen unterschiedlichen Klang oder welche unterschiedliche Farbe sie jeweils hat.
- Wenn Sie sich jemandem zuwenden, dem Verstorbenen oder einem von den anderen Ihnen wichtigen Men-

schen, dann tun Sie das klar und eindeutig. Sie können das tun, weil alle in Ihrer Seele einen sicheren, eindeutigen und begrenzten Platz haben.

- Seien Sie bereit, auf Störungen in der Balance Ihrer Zuwendung zwischen den einzelnen Ihnen wichtigen Menschen zu achten. Gehen Sie diesen Störungen nach und prüfen Sie, wo Sie einseitig oder auch ungerecht sind. Verändern Sie dies aus Liebe zu allen und aus der Achtung vor allen. Er wird sich dann in Ihnen eine gelassene Ruhe einstellen.

IMAGINATION

Meine Liebe gilt denen, die mir wichtig sind

- Schließen Sie die Augen und lassen Sie vor Ihrem inneren Auge eine Bühne, einen großen Raum oder eine Landschaft entstehen. Dann laden Sie die Menschen ein, die Ihnen existenziell wichtig sind und die Sie lieben. Vermutlich wird Ihr verstorbener geliebter Mensch als Erster den Raum betreten, vielleicht gibt es auch eine andere Reihenfolge. Dann weisen Sie jedem dieser Ihnen wichtigen Menschen einen Platz zu. Das kann ein Stuhl, das kann eine besondere Stelle im Raum sein. Achten Sie darauf, dass zwischen allen Personen jeweils genug Abstand ist und dass Sie auf jeden dieser Menschen einen guten und freien Blick haben. Am besten gruppieren Sie die Menschen vor Ihnen in einem Halbkreis, den Sie Ihren »inneren Liebeskreis« nennen können.

Nun wenden Sie sich dem ersten Menschen im Halbkreis zu, der sich links von Ihnen befindet, schauen ihn an und verneigen sich ganz leicht vor ihm. Dann sagen Sie zu ihm: »Ich wende mich jetzt ganz dir zu und ich liebe dich mit meiner ganzen Liebe.« Sie gehen auf ihn zu und umarmen ihn. Dabei spüren Sie, wie die Liebe zwischen Ihnen fließt. Nun lösen Sie sich von ihm und sagen zu ihm: »Und nun wende ich mich ... (Name dieses Menschen) zu. Dabei gehst du mir nicht verloren, weil du einen sicheren Platz bei mir hast.« Sie deuten wieder eine leichte Verbeugung an und gehen nun auf den nächsten Menschen in Ihrem Liebeskreis zu. Sie sprechen ihn mit den eben genannten Worten an und umarmen ihn. Das wiederholen Sie mit all den lieben Menschen, die in Ihrem Liebeskreis stehen.

Nachdem Sie allen Ihre Liebe gezeigt und zugesichert haben, gehen Sie wieder auf Ihren Platz und schauen alle an mit den Worten: »Ich liebe jeden von euch aus der unendlichen Liebe heraus. Und ich liebe jeden in der besonderen Weise, die genau für ihn und für mich stimmt.«

Dann verneigen Sie sich noch einmal und lassen jeden Menschen aus Ihrem inneren Begegnungsraum an die inneren Orte Ihrer Seele oder an seinen ihm eigenen sicheren Ort gehen, an dem jeder dieser Menschen in Ihnen bewahrt ist.

5. Dein Tod bewirkt Neues in mir – und doch hat dein Tod bis heute keinen Sinn für mich

Trauernde: Meine Tochter war so begabt, so neugierig auf das Leben – warum musste sie so jung sterben?

Trauerbegleiter: Sie können es nicht begreifen?

Trauernde: Nein, ich *will* es auch *nicht* begreifen. Es ist einfach nur sinnlos.

Trauerbegleiter: Und vielleicht werden Sie auch keinen Sinn finden.

Trauernde: Genau, obwohl manche Leute sagen, dass es schon einen Sinn gibt. Wir kennen ihn nur nicht, allein Gott kennt den Sinn.

Trauerbegleiter: Für Sie ist es schwer, das zu glauben.

Trauernde nickt: Nein, es gibt keinen Sinn … obwohl…

Trauerbegleiter: Obwohl?

Trauernde: Ich habe in der Zeit der Krankheit meiner Tochter durch ihr Leiden gelernt, wirklich zu lieben.

Trauerbegleiter: Da hat Ihre Tochter Ihnen sehr viel geschenkt.

Trauernde: Und dennoch hätte meine Tochter dafür nicht sterben müssen. Vielleicht hätte ich später woanders das Lieben gelernt.

Trauerbegleiter: So wertvoll es für Sie ist, das Lieben gelernt zu haben, so wenig wiegt dies auf, was der Tod Ihrer Tochter ihr selbst abverlangt hat und Ihnen abverlangt.

Trauernde: Genau, es gibt nichts auf dieser Welt, was den Tod oder eigentlich das Leben meiner Tochter wert wäre.

Trauerbegleiter: Und in diesem Sinne hat der Tod Ihrer Tochter keinen Sinn, auch wenn der Tod eine Entwicklung in Ihnen angestoßen hat. Doch diese Entwicklung kam letztlich aus Ihnen, als Reaktion von Ihnen, ja als Gegenreaktion »gegen« den Tod ihrer Tochter – und natürlich als Reaktion Ihrer Liebe.

Dein Tod stößt eine Entwicklung in mir an – und du stimmst dem zu

Zunächst bewirkt der Tod eines geliebten Menschen im Trauernden nur einen Stillstand. In der Anfangszeit der Trauer gibt es kaum eine eigene psychische Entwicklung, jedenfalls nicht die, die ohne den Verlust zu erwarten und zu erhoffen gewesen wäre. Alles ist mit dem Augenblick des Todes »eingefroren«, alles richtet sich auf den Schmerz und die Trauer aus. Es geht nur um das Überleben und das Funktionieren, nicht um eine psychische Entwicklung.

Wenn wir uns nach längerer Zeit der Trauer bewusst für uns und unser Leben entscheiden, dann kommt die Lebensenergie wieder ins Fließen. Der Tod des geliebten Menschen bleibt in unserem Lebensfluss ein Hindernis, aber der Fluss unserer in Bewegung gekommenen Lebensenergie sucht sich neue Wege. Und nun kommt eine doppelte Entwicklung in Gang, eine ganz normale Entwicklung, die jeder in Laufe seines Älterwerdens erlebt, aber auch eine ganz besondere: Das Hindernis des Todes und des Verlustes fordert genau an dieser Stelle ein ganz eigene Entwicklung, die durch die Auseinandersetzung mit dem Tod und dem Verlust entsteht. Vielleicht entdeckt der Trauernde, dass das Leben sehr kostbar geworden ist und er deshalb aufgeschobene Vorhaben jetzt in Angriff nimmt. Ein Sechzigjähriger gibt nach dem tödlichen Unfall seiner zwanzigjährigen Tochter seine gut dotierte Stelle auf. Ich selbst habe nach einiger Zeit schwerster Trauer und Niedergeschlagenheit in mir die Herausforderung gespürt, mich nicht nur persönlich, sondern auch theoretisch mit der Psychologie der Trauer zu beschäftigen. Das war und ist für mich eine Möglichkeit der Trauerbewältigung, die in mir selbst wieder Lebensmut geweckt hat und bei der ich einen neuen Traueransatz entwickeln konnte.

Zuerst habe ich mich gegen neue Entwicklungen in mir gewehrt. Wäre das eigene Weitergehen nicht auch ein Verrat an meinem Sohn? Dann habe ich verstanden, dass das Neue in mir aus meinem Inneren entstehen will und dass mein Sohn es zustimmend begrüßt. Er will sehen, wie sein Vater wieder lebendig wird, wie er im Neuen sich selbst wieder findet und wie er in seinen Entwicklungen wächst.

Und immer wird dein Tod sinnlos bleiben –
und ich muss auch keinen Sinn suchen

Hat der Tod meines geliebten Menschen einen Sinn? Ich persönlich sage dazu ein klares »Nein«. Der Tod meines Sohnes bleibt für mich sinnlos, ich verstehe ihn nicht, ich will ihn nicht mit einem Sinn versehen – auch heute nicht, sechs Jahre nach dem Tod meines Sohnes. Natürlich hat der Tod meines Sohnes in mir Entwicklungen hervorgebracht, die ich ohne seinen Tod nicht gemacht hätte – und doch hätte ich gerne darauf verzichtet, würde nur mein Sohn noch leben. Nie und nimmer wiegt das Neue in mir den Verlust meines Sohnes auf, kein Gewinn und kein wie immer gearteter Sinn. Es gibt nichts, wofür mein Sohn hätte sterben sollen und müssen. Nichts ist wertvoll genug, als dass sein Tod auch nur annähernd dadurch gerechtfertigt wäre.

Der Sinn, der uns von unserem geliebten Mensch geschenkt war, ist nach dessen Tod durch keinen anderen Sinn zu ersetzen. Natürlich zahle ich dafür einen anderen Preis: Ich muss die Sinnlosigkeit aushalten. Aber das ist mir die Einzigartigkeit meines Sohnes, die durch nichts aufzuwiegen ist, auch wert.

Es gibt sicherlich andere Situationen, in denen Hinterbliebene einen Sinn im Tod ihres geliebten Menschen entdecken. Vielleicht macht ein Tod nach langer Erkrankung oder Leiden am Leben seinen Sinn, weil er dann so etwas wie eine »Erlösung« ist. Vielleicht stimmt für einen Menschen und sein Leben, dass er sich für einen Suizid entscheidet. Viele gläubige Menschen können sagen, dass im Tod des geliebten Menschen ein Sinn liegt, den sie selbst noch nicht verstehen. Gottes Weisheit, die in seinen Plänen noch verborgen ist, ist höher als menschliche Vernunft und Rationalität. Für andere wieder ist der Glaube durch den Verlust zunächst erschüttert und in Frage gestellt. Es erfordert dann lange und schwere Auseinandersetzungen – auch mit Gott selbst –, damit wir ihm das Wissen um einen höheren Sinn zutrauen. Die Entdeckung des Sinns lässt sich auch nicht herstellen. Meist leuchtet der Sinn nach langem Fragen und Ringen unversehens auf und wird mir geschenkt. So ist das Finden eines Sinns für den Tod meines geliebten Menschen meist erst Resultat eines langen Prozesses.

Das Neue, das durch die Herausforderung des Todes in mir entsteht, hat seine eigene Bedeutung, die ich nicht als Sinn mit dem Tod des geliebten Menschen »verrechnen« will. Was entstanden ist, kann etwas ganz Eigenes sein. Es wurde zwar durch den Tod meines geliebten Menschen angestoßen, aber hervorgebracht haben es die unbewussten und bewussten Energien meiner Seele. Ihnen und der Ermutigung meines geliebten Menschen verdanke ich es, dass etwas Neues in mir entstanden ist, an dem ich mich als Eigenes freuen kann – und mein geliebter Mensch mit mir. Das Neue in mir hat seinen eigenen Sinn. So wie der geliebte Mensch seinen Sinn in sich und für sich hat, so hat auch das Neue in mir seinen Sinn für sich. Damit finde ich einen neuen und veränderten Sinn für das vor mir liegende Leben, nämlich das zu leben, was sich in mir an Neuem entwickelt – und so liegt der Sinn meines Lebens nach dem Verlust darin, die Liebe zu meinem geliebten verstorbenen Menschen zu leben.

Es wächst Dankbarkeit dir gegenüber – und doch hätte ich gerne noch länger mit dir gelebt

Je mehr ich auf das Leben meines Sohnes zurückblicken kann, umso deutlicher wird mir, wie viel mir mein Sohn gegeben hat. Und je mehr Erinnerungen an seine Lebenszeit ich berge, sammle und bewahre, umso offener liegt das vor mir, was er mir geschenkt hat.

Das ist der tiefere Sinn der *Erinnerungsarbeit*: Mit ihr berge ich die Schätze, die mir mein geliebter Mensch geschenkt hat. Je intensiver ich die Erinnerungsarbeit leiste, umso reicher wird meine Erinnerung an die gemeinsam gelebte und erlebte Vergangenheit mit meinem geliebten Menschen. Das bewusste Wahrnehmen der reichen Vergangenheit, die ich mit meinem geliebten Menschen erlebt habe, ist die Voraussetzung für die Dankbarkeit. Der Blick fällt zunehmend auf das, was ich mit meinem geliebten Menschen *erlebt* habe, und immer weniger auf das, was nach seinem Tod *nicht* mehr möglich ist. Man darf als Außenstehender nie einem Trauernden empfehlen, er solle dankbar sein, habe er doch seinen geliebten Menschen lange Zeit und vielleicht auch noch länger als andere gehabt. Dies ist tief verletzend, weil der akut

Trauernde vor allem das sehen muss, was an gemeinsam gedachter Zukunft nicht mehr möglich ist.

Erst allmählich wächst über die Erinnerungsarbeit die Dankbarkeit. Aber es muss deutlich gesagt werden: Dankbarkeit ist immer das Ergebnis eines *langen* Prozesses, in dessen Mittelpunkt die Erinnerungsarbeit steht (vgl. meine vorigen Bücher). Zugleich signalisiert die Dankbarkeit, dass ich tatsächlich am Ende des Trauerweges angekommen bin. Dankbarkeit kann mich auch bereit machen, mein Schicksal als meines zu achten und mich mit meinem Leben anzufreunden. Es bleibt allerdings eine dunkle, schwere Dankbarkeit. Nach einem schönen Urlaub oder einem großen Fest erleben wir eine heitere Dankbarkeit. Nach dem Tod eines geliebten Menschen ist auch die Dankbarkeit eine begrenzte Dankbarkeit. Bei aller Dankbarkeit hätten wir natürlich alles in der Welt gegeben, noch länger und lange mit dem geliebten Menschen zu leben. Bei allem Reichtum im Vergangenen fehlt die Fülle dessen, was noch möglich gewesen wäre. Das bleibt der Wermutstropfen, genauer gesagt: der Wehmutstropfen (!), in der Dankbarkeit nach dem Tode unseres geliebten Menschen.

- Spüren Sie in sich nach, ob es in Ihnen Entwicklungsimpulse gibt – solche die schon länger angestanden haben, und solche, die sich am Tod und am Verlust Ihres geliebten Menschen entzünden.
- Nehmen Sie diese Entwicklungsimpulse als ganz eigenen Aufbruch in Ihrer Seele wahr. Schauen Sie gespannt – und Ihr geliebter Mensch wird es ebenso tun –, was sich daraus nach langem, durch die Trauer bedingtem Stillstand entwickeln wird.
- Unterstützen und fördern Sie die Entwicklungen Ihrer Seele. Alles Neue, das sich in Ihnen entwickeln darf, hilft Ihnen, in sich die Macht des Todes zu überwinden. Daran dürfen Sie sich freuen – und Ihr geliebter Mensch wird sich leise mitfreuen.
- Verrechnen Sie das Neue und den Gewinn, den Sie in Ihren Entwicklungen erleben, nicht mit dem Tod Ihres geliebten Menschen. Sagen Sie ihm: »Du bist für mich

einzigartig und unendlich wertvoll. Es gibt nichts, was dein Sterben auch nur im entferntesten aufwiegen könnte.«

- Wenn Sie nach einem Sinn im Sterben Ihres geliebten Menschen suchen, dann sagen Sie sich: »Ich darf nach einem Sinn fragen, aber ich muss ihn nicht finden. Wenn es einen Sinn gibt, dann wird er mir als Geschenk zuteilwerden.«

- Wenn Sie keinen Sinn im Sterben Ihres geliebten Menschen finden, dann sagen Sie Ihrem geliebten Menschen: »Dein Tod bleibt für mich sinnlos. Nichts, auch kein wie immer gearteter Sinn, kann deinen Tod aufwiegen. Ich will diese Sinnlosigkeit aushalten und ihr meine Liebe zu dir entgegenhalten. Das ist jetzt meine Aufgabe und mein jetziger Lebenssinn.«

6. Du bleibst meine große Liebe – was immer auch geschehen mag

Trauernde: Mein Bruder, der vor zwanzig Jahren gestorben ist, geht mir immer mehr verloren.

Trauerbegleiter: Das ist schlimm für Sie?

Trauernde nickt. Tränen treten in ihre Augen.

Trauerbegleiter: Das heißt, dass Sie Ihrem Bruder wieder näher sein wollen?

Trauernde: Eigentlich ja, aber manchmal frage ich mich, ob das nach zwanzig Jahren noch normal ist.

Trauerbegleiter: Würde Sie eine nahe Beziehung zu Ihrem Bruder in Ihrem jetzigen Leben behindern oder würde sie etwas blockieren?

Trauernde: Nein, im Gegenteil.

Trauerbegleiter: Was spricht also dagegen?

Trauernde lächelt: Nichts.

Trauerbegleiter: Haben Sie eine Idee, was passiert ist, dass Ihr Bruder so weit weg ist?

Trauernde: Ich habe keine Zeit für ihn. Ich arbeite so viel.

Trauerbegleiter: Ja, wie in jeder anderen Liebesbeziehung gehen dann die Nähe und die emotionale Ebene verloren.

Trauernde: Das wollte ich nicht, und trotzdem ist es passiert.

Trauerbegleiter: Ja, das kann ganz ungewollt und auch unbewusst geschehen. Haben Sie Ideen, was Sie für die Beziehung zu Ihrem Bruder tun oder wieder tun könnten?

Und wenn meine Beziehung zu dir doch verblasst?

Wie in dem vorangegangenen Trauerdialog deutlich wird, kann über sehr lange Zeit die innere Beziehung in Gefahr geraten, zu verblassen oder sich zu verlieren. Das ist zunächst auch ein positives Zeichen dafür, dass die Hinterbliebene sich ganz ihrem Leben zugewandt hat und hierfür die bewusste Aufmerksamkeit braucht. Die Hinterbliebene kann und darf deshalb auch dankbar sein.

Das Verblassen der inneren Beziehung kann aber auch ein Alarmzeichen dafür sein, dass die Beziehung zum Verstorbenen zu sehr in den Hintergrund getreten ist. Hinterbliebene entdecken dann mit Erschrecken, dass sie sich innerlich sehr weit vom geliebten Menschen entfernt haben. Dieses Erschrecken gilt es als Alarmzeichen zu nutzen. Der Hinterbliebene wird sich fragen, ob diese Entfernung für ihn und den Verstorbenen in Ordnung ist oder ob er seine Beziehung zum geliebten Mensch wieder bewusster leben will. Wenn die Entscheidung für eine erneute Vertiefung fällt, dann kann der Hinterbliebene sich an seine Trauerzeit erinnern und sich fragen, was er damals aus seiner Trauer heraus für den Verstorbenen und für die Beziehung zu ihm getan hat. Dies ist nicht nur der einfachste, sondern auch der richtige Weg, wieder eine intensivere Beziehung zum Verstorbenen zu finden, haben doch die Trauer und die Liebe in der Trauer damals genau das für den Trauernden und den geliebten Menschen Stimmige getan, um eine innere Beziehung zueinander zu finden.

Meine Liebesbeziehung zu dir wird selbstverständlich und verlässlich

Wie in jeder anderen Liebesbeziehung gibt es auch in der Beziehung zum Verstorbenen eine Selbstverständlichkeit, die Ausdruck einer sehr sicheren Bindung zum geliebten Menschen ist. Man muss sich die Liebe und die Verbindung nicht ständig neu gegenseitig zusichern. Sie ist einfach da, so wie die Luft für uns einfach und selbstverständlich da ist und nur bei einer Atemnot bewusst wird. Die eigene Sicherheit, aus der heraus ich weiß, dass mein geliebter Mensch im Hintergrund meines Lebens und in der Tiefe meines Unbewussten da ist, macht meine Beziehung zu ihm so selbstverständlich, manchmal so alltäglich, dass ich sie zu vergessen scheine. Ich kann die Selbstverständlichkeit als Zeichen für die Verlässlichkeit und Stärke der inneren Beziehung zum Verstorbenen nehmen. Dennoch ist es nötig, die Selbstverständlichkeit immer wieder zu durchdringen und die unmittelbare Nähe zum geliebten Menschen zu spüren. Es genügen Augenblicke, um sich auf die Beziehung zum geliebten Menschen zu konzentrieren, ihn an seinem sicheren Ort aufzusuchen und ihm dort ganz verlässlich zu begegnen.

Du bleibst meine Liebe – und es wird immer eine große Liebe sein

Die Liebe zum Verstorbenen ist eine große Liebe. Das haben mir meine große Trauer und mein unendlicher Schmerz gezeigt. Paradoxerweise hat der Tod diese Liebe noch größer gemacht. Zwar hat der Tod mir meinen geliebten Menschen genommen, aber er hat ihn mir auch unauslöschlich ins Herz gebrannt. Gerade der Tod macht mir den geliebten Menschen einzigartig und damit groß und unendlich wertvoll für mich. Der Tod macht den Verstorbenen für mich noch einmal mehr und in einer unerwarteten Weise zu einer großen Liebe. Eine große Liebe ist eine unbedingte Liebe, die durch nichts zerstört werden kann. Sie ist auch deshalb groß, weil sie mich in meinem ganzen Selbst erfasst hat und ich intuitiv weiß, dass sie mich nicht mehr loslassen wird. Nicht *ich* halte die große Liebe, sondern *sie* hält mich. Und wenn es in meinem Leben eine große Liebe gibt, dann bleibt sie so groß, sogar auch dann, wenn sie unerfüllt bleibt und ich sie jetzt nicht leben kann. Eine große Liebe glaubt fest an ihre Erfüllung, wenn nicht in diesem Leben, dann in einem anderen Leben oder in einer anderen Seinsweise. Die große Liebe ist nicht an dieses begrenzte, endliche Leben gebunden. Die große Liebe ist eine unendliche und ewige Liebe. Und spätestens der Tod hat – wohl ungewollt – meine Liebe zu meinem geliebten Menschen unendlich und ewig werden lassen.

● Prüfen Sie immer wieder, ob Ihre Beziehung zu Ihrem geliebten Menschen für Sie so richtig ist, wie Sie sie gerade erleben, oder ob sie Ihnen zu weit weggerückt ist. Gehen Sie immer wieder nach innen in einen Dialog mit Ihrem geliebten Menschen und stellen Sie ihm die

Frage, ob für ihn die Beziehung zu Ihnen in Bezug auf Intensität, auf Nähe, Selbstverständlichkeit und Verlässlichkeit stimmt.

- Versichern Sie sich und Ihrem geliebten Menschen, dass er die große Liebe in Ihrem Leben ist. Treten Sie vor Ihren geliebten Menschen und sagen Sie ihm: »Du bist meine große Liebe und du wirst sie für immer bleiben.« Dann umarmen Sie Ihren geliebten Menschen und nehmen ihn in Ihr Herz, den Ort der Liebe.
- Nehmen Sie immer wieder Kontakt auf zu Ihrer großen Liebe und lassen Sie sie sich in Ihnen ausbreiten und groß werden. Sie spüren dann, dass nichts, auch nicht der Alltag, diese große Liebe im Fundament gefährden kann.

Teil V

Ich lebe jetzt mein Leben ganz – und dann komme ich auch

Jenseits I

Wir werden uns
wieder finden

du wirst
die begonnenen Worte
zu Ende dichten

Sprüche
für Hörende
jenseits aller Grenzen

Der geliebte Mensch ist uns an seinen sicheren Ort vorausgegangen. Ich als Hinterbliebener oder Hinterbliebene lebe noch eine Weile, dann sterbe ich auch. Dann geschieht das Gleiche mit mir, was meinem geliebten Menschen jetzt schon, vor der Zeit und gegen unseren Willen, geschehen ist. In meinem Sterben werde ich dann in der Erfahrung, die mir mein geliebter Mensch voraus hat, mit ihm vereint sein. Die Zeit bis dahin ist durch den Tod und die Abwesenheit des geliebten Menschen eine andere Zeit geworden, und es gilt, diese Zeit nicht nur zu leben und bewusst zu gestalten, sondern auch zu bedenken, was am Ende dieser Zeit stehen wird. Kann ich hoffen, dass ich meinen geliebten Menschen in die Arme schließen kann? Kann ich dies glauben oder bin ich mir dessen sogar *sicher*, weil meine Liebe dies sicher weiß? Wenn mir das möglich ist, wird meine mir verbleibende Zeit ein andere sein, als wenn ich glaube, dass mit dem Tod alles zu Ende ist. Ich möchte Sie in diesem letzten Kapitel anleiten, die Hoffnung auf eine Wiederbegegnung zu entdecken oder sie ganz bewusst zu leben. Dabei kann Ihnen das Sehnen helfen, das bleiben wird und das Sie immer wieder auf Ihren geliebten Menschen hin ausrichtet. Dieses Sehnen will – gegen alle rationalen Einwände – den geliebten Menschen in die Armen schließen.

1. Du segnest mich – nun wird mein Leben noch einmal erfüllt sein

Trauernde: Ich hätte nie gedacht, dass ich nach dem Tod meines Mannes wieder so viel Schönes erleben darf.

Trauerbegleiterin: Eine große und neue Fülle?

Trauernde: Ja, auch wenn ich es ohne meinen Mann erlebe.

Trauerbegleiterin: Sie werden den Segen Ihres Mannes dazu haben?

Trauernde: Sie meinen, dass er es mir zugesteht?

Trauerbegleiterin: Ja, und noch ein bisschen mehr: Er wünscht sich für Sie diese Fülle. Das ist mit dem uralten Begriff des Segnens gemeint.

Trauernde: Ich kann mit diesem Wort nicht so viel anfangen. Sie meinen, mein Mann segnet mich?

Trauerbegleiterin: Vielleicht – das Schöne, das Sie wieder erleben, ist doch so etwas wie ein reicher Segen.

Trauernde: Wenn Sie es so sehen, dann könnte es stimmen.

Trauerbegleiterin lächelt: Was hindert Sie, es so zu sehen?

Trauernde: Nichts. Es ist schön, es so zu sehen.

Trauerbegleiterin: In der Fülle zu leben, so wie es Ihr Mann Ihnen wünscht.

Trauernde: Ja, ich glaube auch, das hat damit zu tun, dass ich jetzt für zwei lebe, für mich und für meinen Mann.

Du schaust freundlich auf mich – so begleitest du mich in mein Leben

Für Kinder ist es eine hilfreiche und tröstliche Vorstellung, dass ihnen der Verstorbene freundlich aus dem Himmel zuschaut. Der liebevolle Blick begleitet das Kind in seinem Leben wohlwollend, so dass es sich unterstützt fühlt und sich deshalb wieder ganz dem Leben zuwenden kann. Leider wurde dieser wunderbare Gedanke immer wieder zu Erziehungszwecken missbraucht und die Verstorben als drohende Strafinstanz eingesetzt. Manchmal erleben Kinder den Verstorbenen wie beispielsweise den Großvater als Bedrohung, weil dieser zu Lebzeiten sehr strafend oder abwertend war. Dann brauchen Kinder die Erklärung, dass sich die dunklen Seiten eines Menschen durch den Tod verwandeln.

Wenn wir im Verlaufe des Trauerweges eine innere, gut geklärte Beziehung zu unserem geliebten Menschen gefunden haben, dann stellt sich das Wissen ein, dass der Verstorbene uns freundlich und wohlwollend begleitet. Wir spüren dann, dass sich unser geliebter Mensch freut, dass wir noch leben, auch wenn er selbst nicht mehr leben darf. Auf unserem verbleibenden Lebensweg liegt das helle Licht der Freundlichkeit des geliebten Menschen. Mit seiner Freundlichkeit und seinem Wohlwollen können wir unser Leben wieder ganz und gar leben. Das Leben darf auch wieder heiter und leicht werden, weil sich darin die Freundlichkeit unseres geliebten Menschen spiegelt. Und umgekehrt können wir uns vorstellen, dass unsere Heiterkeit ein heiteres Lächeln auf dem Gesicht unseres geliebten Menschen hervorbringt.

Du gibst mir deinen Segen – und ich habe deinen Segen

Auch wenn heute das Ritual des Segnens außerhalb der Kirchen nur noch selten gebraucht wird, liegt in ihm doch eine uralte Weisheit. Wenn ich einen lieben Menschen segne, gebe ich ihm meine Zustimmung, dass er sein Leben nun eigenständig leben kann. Das kommt in dem oft gebrauchten Satz »Er (oder sie) hat meinen Segen« zum Ausdruck. Ich sage dem Gesegneten damit: Du darfst deinen Weg gehen – gehe ihn jetzt, gehe los und werde glücklich dabei. Du kannst frei gehen und ganz frei entscheiden. Tue, was dir entspricht. Du hast meine Zustimmung. Darüber hinaus hast du meine ausdrückliche Unterstützung und meine Begleitung. Menschen, die aus ihrem christlichen Glauben heraus den Segen sprechen, vermitteln mit ihm auch den Segen Gottes. Dabei stellen sie den Gesegneten unter den Schutz und die Fürsorge Gottes.

Auch wenn der Verstorbene zu seinen Lebzeiten oder in seinem Sterbens- und Abschiedsprozess den Segen nicht ausdrücklich den Zurückbleibenden zugesprochen hat, so können wir doch davon ausgehen, dass Menschen, die aus diesem Leben gehen, ihren Segen zurücklassen. Wir können auch den geliebten Menschen in einem inneren Dialog fragen, ob er uns seinen Segen für unser Leben geben will. Aus meiner Erfahrung werden Hinterbliebene immer diesen Segen – also die tiefe Zustimmung und den unbedingten Wunsch, dass es dem Hinterbliebenen in Fülle gut gehen möge – bekommen.

Wenn wir als Hinterbliebene im Segen des geliebten Menschen die tiefe Zustimmung zum Leben erhalten, kann daraus auch unsere Zustimmung zum Schicksal und zum Weg des Verstorbenen erwachsen.

Mit deinem Segen kann ich mein Leben wieder leben – ganz und erfüllt

Der Segen ist der Zuspruch und der Wunsch, dass der Gesegnete an Leben und Lebendigkeit reich und erfüllt werde. Das ist für Hinterbliebene besonders wichtig, weil sie sich vielleicht auch am Ende des Trauerweges nicht erlauben, wieder in der Fülle und im Erfülltsein zu leben. Aus der Sicht der Verstorbenen aber gibt es nicht nur die *Erlaubnis*, sondern auch den *Wunsch*, dass die Hinterbliebenen in Fülle leben mögen. Dieser Wunsch hat einen ganz einfachen Grund: *Ein* schlimmes Schicksal, *ein* Tod reicht. Der Hinterbliebene muss nicht auch noch seinen psychischen Tod hinzufügen, er braucht nicht auch noch sein eigenes Leben zu opfern. Wenn schon der Verstorbene gehen musste, dann soll der Hinterbliebene bleiben – und zwar in Fülle. Am Ende des Trauerweges dürfen die Hinterbliebenen diese Fülle nehmen. Auch wenn Fülle den geliebten Menschen nie ersetzen wird, so lindert oder heilt sie die Wunden, die der Verlust in der Seele des Trauernden aufgerissen hat. Die Fülle nach dem Tod des geliebten Menschen ist von besonderer Tiefe und Intensität. Sie ist eine Fülle, die die extreme Leere des Verlustes kennt und diese Leere nie vergisst.

- Spüren Sie immer wieder den freundlichen Blick Ihres geliebten Menschen. Nehmen Sie ihn in sich auf und achten Sie darauf, wie dann ein Lächeln in Ihrem Gesicht aufleuchtet.
- Bitten Sie Ihren geliebten Menschen um die Zustimmung dafür, dass Sie wieder aufrecht, frei und offen ins Leben gehen dürfen. Hören Sie immer wieder den Klang der Stimme Ihres geliebten Menschen, wie er Ihnen sagt: »Du hast meinen Segen. Lebe erfüllt dein Leben.«
- Nehmen Sie die Fülle, die Ihnen immer wieder auch überraschenderweise geschenkt wird, wahr. Setzen Sie sie ganz bewusst gegen die Leere, die die Abwesenheit Ihres geliebten Menschen in Ihnen hinterlassen hat. Spüren Sie, wie die Fülle die Wunde des Verlustes heilt, auch wenn keine noch so große Fülle Ihren geliebten Menschen je ersetzen wird.

2. Ich darf das Glück wieder nehmen – und du begegnest mir in meinem Glück

Trauernde: Wenn ich im Garten arbeite, bin ich manchmal sogar richtig glücklich.

Trauerbegleiter: Ist das nicht einfach nur schön?

Trauernde: Ja, dann vergesse ich mich, aber dann erschrecke ich, weil ich in diesem Moment auch meine verstorbene Tochter vergesse.

Trauerbegleiter: Das ist ganz normal: Im Glück vergessen wir scheinbar alles. Und doch werden Sie Ihre Tochter dann wiederfinden.

Trauernde: Natürlich. Und dann erzähle ich ihr von meinem Glück.

Trauerbegleiterin: Das ist die eine gute Möglichkeit, Ihr Glück mit Ihrer Tochter zu teilen.

Trauernde: Und die andere?

Trauerbegleiterin: Die wäre, so tief ins Glück zu tauchen, bis sich gerade im Glück die Tür zu Ihrer Tochter öffnet. Dann könnten Sie im Glück Ihrer Tochter begegnen.

Trauernde: Das will ich probieren. Was muss ich da beachten?

Trauerbegleiterin: Sie lassen sich in Ihr Glück fallen, tiefer und tiefer, dann kommt Ihnen Ihre Tochter entgegen.

Ich darf wieder glücklich sein – und ich bin es auch für dich

In den Momenten des Glücks vergessen wir uns und alles, was um uns herum ist. Die Selbstvergessenheit gehört zum Glück. In solchen Momenten vergessen wir auch den geliebten Menschen. Das kann uns im Glück erschrecken, weil wir befürchten, den geliebten Menschen gerade im Glück zu verraten. Doch wie der Fülle des Segens so stimmt der Verstorbene auch den erfüllten Augenblicken unseres Glücks zu. Der Verstorbene geht uns auch in

Momenten des Glücks nicht verloren, weil er ein Teil von uns bleibt. Wie wir selbst so geht er als Teil von uns ganz in unserem Glück auf. In unserem Glück schwingt er in uns mit, tanzt mit uns in unserer Freude, pocht er in unserem erregten Pulsschlag mit. So ist unser Glück immer auch das Glück des geliebten Menschen, der bewusst oder unbewusst zu uns gehört. So darf ich ganz für mich glücklich sein, weil ich immer auch für ihn glücklich bin. Ich kann mir das nach den Momenten des Glücks bewusstmachen und es im inneren Dialog mit dem geliebten Menschen besprechen, ich kann es ihm erzählen oder ihm glücklich zulächeln.

Ich lebe mein Glück ganz und gar – und doch ist es ein anderes Glück geworden

Wir erleben das Glück in unterschiedlichen Gestalten. Es kann das leichte, freudige Glück beim Tanzen, beim Lachen oder Spielen sein. Es kann aber auch das stille, in sich gekehrte Glück beim Betrachten einer Blume oder einer vor mir liegenden Landschaft sein. Es kann die tiefe Beglückung in einer intensiven Begegnung oder in der Liebe sein.

Weil dieses letztere Glück mit dem geliebten Menschen nicht mehr konkret erlebt werden kann, verändert sich das Erleben des Glücks. Auch wenn wir uns mit ausdrücklicher Zustimmung des geliebten Menschen das Glück wieder erlauben, so ist es doch ein *verändertes* Glück. Wir wissen, dass jedes Glück, insbesondere das leichte, heitere Glück, begrenzt ist, weil wir das Unglück kennen. Was im Moment noch Glück war, kann mit einer schlimmen Diagnose, dem Zusammenbruch des geliebten Menschen oder mit der Nachricht von seinem Tod zu einem schweren, scheinbar unendlich währenden Unglück werden. Auch wenn die Schwere des Unglücks allmählich leichter wird, bleibt es als dunkle Erfahrung in uns präsent. Davon aber kann und darf sich nun das leichte Glück des Augenblicks abheben und in einer leuchtenden Intensität aufscheinen. Wir dürfen und können dann auch für die Momente des Glücks den dunklen Hintergrund unseres Unglücks vergessen, weil das Glück in diesem Moment sein ganz eigenes Recht und seine eigene Kraft hat. Wir können dies umso mehr zulassen, wenn wir uns bewusstmachen, dass im Strahlen des Glücks auch unser geliebter Mensch in uns aufleuchtet und er uns im Glück nahekommt.

Oft aber wird unser Glück auch ein schweres Glück sein, weil im Glänzen des Glücks ein dunkler Farbton durchschimmert. Dieses Glück hat dann eine Intensität, die an den Schmerz grenzt. Wir sollten dann beides zulassen: das Glück und seine Begrenzung im auftauchenden Schmerz. Das Glück erhält dann seine besondere Gewichtigkeit und Würde von der Schwere des Schmerzes, und der Schmerz wird vom Glanz des Glücks durchdrungen und leichter.

In meinem Glück bin ich dir nahe – und du berührst mich in ihm

In den Momenten des Glücks sind wir ganz bei uns und zugleich bewegen wir uns im Glück über uns hinaus. Im Glück werden die Fesseln unseres Ichs für Momente gesprengt und geöffnet. Für Bruchteile eines Augenblickes öffnet sich eine ganz andere Wirklichkeit, die jenseits unseres normalen Erlebens liegt und die, symbolisch verstanden, »in den Himmel« reicht. Und dies ist die Wirklichkeit, in der unser geliebter Mensch sich befindet. Das leichte, fliegende Glück trägt uns über uns hinaus hin zu unserem geliebten Menschen, der in seiner eigenen Freiheit und Leichtigkeit lebt. In unserem Glück teilen wir mit unserem geliebten Menschen für Augenblicke die Freiheit seiner ganz anderen, jenseitigen Wirklichkeit. Das leichte, heitere Glück kann so für Augenblicke ein Tor zu unserem geliebten Menschen sein.

Aber auch im schweren, schmerzbegrenzten Glück können wir unserem geliebten Mensch nahekommen, wenn wir uns ganz in dieses Glück hineinfallen lassen, eben bis zum Schmerzpunkt. Dann begegnen wir unserem geliebten Menschen in der Tiefe des Glücks, denn auch dort durchbricht das Glück für Augenblicke unsere normale Wirklichkeit. An dieser Grenze der Wirklichkeit, an die uns das Glück führt, bleibt im Glück für Augenblicke die Zeit stehen. Wir begegnen unserem geliebten Mensch in dieser Erfahrung der stillstehenden Zeit und sind ihm jetzt glücklich nahe. Dann bekommen wir eine Ahnung davon, was es heißen könnte, dass er in der Zeitlosigkeit der Ewigkeit geborgen ist.

Wenn wir nach der langen Unglückszeit unserer Trauer so das Glück wieder zulassen, dann stößt es für uns – ganz unverhofft und unerwartet – die Tür zu unserem geliebten Menschen auf. Im Glück nach der schweren Anfangstrauer überwinden wir nicht nur immer wieder unser Unglück, sondern können uns auch auf den Flügeln des Glücks unserem geliebten Menschen entgegentragen lassen.

- Lassen Sie nicht nur Ihr Glück immer wieder zu, sondern suchen Sie nun nach langer Trauerzeit wieder ganz bewusst nach *Momenten des Glücks*. Dabei dürfen Sie auch das Unglück Ihres Verlustes ganz und gar vergessen.
- Teilen Sie mit Ihrem geliebten Menschen Ihr Glück: Erzählen Sie ihm von Ihrem Glück, widmen Sie einen Glücksmoment Ihrem geliebten Menschen und bringen Sie zum Beispiel von einem glücklichen Urlaubstag ein Foto oder ein Symbol mit, das sie aufs Grab legen.
- Machen Sie sich bewusst, dass Sie gerade im Glück Ihrem geliebten Menschen so nahe sind wie sonst in kaum einer anderen Erfahrung. Lassen Sie sich in Ihrem Glück von Ihrem geliebten Menschen berühren. Ihr Glück ist immer auch das Glück einer intensiven Nähe und Verbundenheit mit Ihrem geliebten Menschen.
- Nehmen Sie Ihre Glückserfahrungen und die dabei erlebte Nähe als Vorzeichen für das größte Glück, das Sie erhoffen können, nämlich das Glück des Wiedersehens.

3. Ich lebe hier mein Leben in der Liebe zu dir – und mit jedem Tag komme ich dir näher

Trauernder: Immer wieder frage ich mich, ob ich meine Tochter wiedersehen kann.

Trauerbegleiterin: Wie wäre es für Sie, wenn Sie das hoffen oder sich dessen gar sicher sein könnten?

Trauernder: Das wäre einfach nur schön, aber …

Der Trauernde schüttelt den Kopf.

Trauerbegleiterin: Da gibt es Zweifel?

Trauernder: Ja, da schaltet sich mein Kopf ein und sagt: »Wie kann das denn sein?«

Trauerbegleiterin: Und dieser Zweifel blockiert die Hoffnung, die es auch in Ihnen gibt.

Trauernder: Natürlich gibt es die Hoffnung, aber sie ist oft zu schwach.

Trauerbegleiterin: Wie wäre es denn, wenn Sie Ihre Liebe zu Ihrer Tochter befragen würden? Was sagt die denn …?

Trauernder (lacht): Das ist klar: Du wirst sie wiedersehen.

Trauerbegleiterin: Warum sollten Sie der Liebe zu Ihrer Tochter nicht glauben, war sie doch gerade jetzt in Ihrer Trauerzeit unendlich stark!

Trauernder: Sie haben Recht.

Trauerbegleiterin: Dann wäre es doch das Beste, dass Sie sich jetzt der Führung der Liebe überlassen – alles andere wird sich dann zeigen.

Ich lebe mein Leben – und weiß, dass es begrenzt ist

Im Verlust haben Hinterbliebene nicht nur die Begrenzung des Lebens sehr konkret und schmerzlich erfahren, sondern auch in der eigenen Seele das Sterben erlebt. So schrecklich diese Erfahrung ist und war, so unglaublich ist es für den Trauernden, dies überlebt und dabei auf unerklärliche Weise ungeheuere Stärke entwickelt zu haben. Deshalb schrecken nun das eigene Sterben und der Tod den Hinterbliebenen nicht mehr. Als Hinterbliebene können wir nun sehr bewusst und gelassen sagen: »Ich lebe noch eine Weile – dann sterbe ich auch.« Das bewusste Wissen um die Begrenzung des eigenen Lebens hat nun nichts Bedrohliches mehr, im Gegenteil: Wir wissen, dass mit unserem Tod auch die immer noch und immer wieder traurige Abwesenheit des geliebten Menschen für uns beendet sein wird. Dabei ist zunächst noch offen, ob wir das als erlösendes Beenden des eigenen Leidens oder als ein Wiedersehen des geliebten Menschen sehen und erhoffen können. Allein die Begrenzung des eigenen Leidens hat etwas Tröstliches. Viele Hinterbliebene können die Begrenzung des Lebens auch als eine Aufforderung verstehen, das begrenzte Leben noch einmal ganz auszuschöpfen und intensiv zu leben. Fast alle Hinterbliebenen aber sehen in diesem begrenzten Leben den Sinn darin, das Andenken an den geliebten Menschen und die Liebe zu ihm wachzuhalten.

Mein Leben hat eine besondere Hoffnung – dich zu sehen und dir in der Liebe zu begegnen

Im akuten Verlust haben viele Trauernde den verständlichen Wunsch, dem geliebten Menschen »nachzusterben«, um dem schier unaushaltbaren Schmerz entfliehen zu können und zu unserem geliebten Menschen zu gelangen.

Am Ende des Trauerweges ist beides ist nun nicht mehr nötig: Wir konnten den Schmerz und die Trauer gehen lassen und der geliebte Mensch bleibt uns schon jetzt in diesem Leben sehr nahe und verbunden. Allerdings bleibt aus dem Wunsch des Nachsterbens das Sehnen nach dem geliebten Menschen zurück. Dieses Sehnen ist die innere Kraft in unserem Wunsch, dem geliebten Menschen in einer anderen Welt und Seinsweise wiederzubegegnen.

Natürlich wird es Hinterbliebene geben, die dieses Wiedersehen – in welcher Form auch immer – nicht erhoffen oder nicht glauben können. Für manche Hinterbliebene passt das nicht in ein naturwissenschaftlich geprägtes Weltverständnis, einige sind gerade durch den Tod des geliebten Menschen in ihren Hoffnungen zutiefst verunsichert, wieder anderen wird die Hoffnung auf ein Wiedersehen als zu einfacher Trost erscheinen.

Dennoch ist gerade die Hoffnung für Hinterbliebene die »vernünftigste« Haltung. Die Hoffnung hilft uns schon jetzt, mit der Abwesenheit des geliebten Menschen zurechtzukommen. Sie richtet uns auf den geliebten Menschen aus, und im sehnenden Hoffen ist er jetzt schon in unserer Seele präsent. Sollte die Hoffnung sich dann mit unserem Sterben doch nicht erfüllen, hatte sie jetzt schon ihren guten Sinn. Hinterbliebene können aus dieser rein rationalen Erwägung heraus versuchen, eine Haltung zu entwickeln, in der sie *jetzt* in der Hoffnung leben können, ihrem geliebten Menschen nachzufolgen. Zumindest im Sterben kann ich dann mit dem geliebten Menschen im gleichen Schicksal vereint sein. Tröstlicher ist die Hoffnung oder – wem er geschenkt ist – der Glauben, dann dem geliebten Menschen in die Arme zu fallen und mit ihm in der Liebe vereint zu sein.

Es wird ein neues Lieben sein – und die Liebe wird vollkommen sein

Religiöse und mythologische Traditionen bieten verschiedene Bilder an, wie das Wiedersehen mit dem geliebten Menschen aussehen könnte (vgl. Kachler, 2005, S. 172 ff.). Dabei beschreiben die verschiedenen Bilder im Grunde dasselbe: Das Wiedersehen mit dem geliebten Menschen ist eine Begegnung in einer neuen, intensiven Liebe. Diese Liebe wird dann durch nichts getrübt sein, weil sie nicht mehr durch die Bedingungen dieser irdischen Realität eingeschränkt ist. Es ist die Begegnung in einer unendlichen und vollkommenen Liebe. Der geliebte Mensch *ist* schon in der unendlichen Liebe und er *bringt* uns dann diese uns noch unbekannte, unendliche Liebe entgegen. In der Begegnung mit unserem geliebten Menschen gehen wir zusammen in diese unendliche Liebe ein. Jeder – ich und der geliebte Mensch – kommt in dieser Liebe ganz zu sich und zu dem, wie er (oder sie) gedacht ist. Weil jeder ganz und heil sein wird, wird auch die Liebe zwischen uns nun so sein, wie sie ihrem innersten Wesen nach ist – eben vollkommen und unbegrenzt.

Warum sollten wir dies nicht hoffen, hat sich doch unsere Liebe zu unserem geliebten Menschen in der Trauerzeit gegenüber dem Tod als unendlich stark erwiesen?

- Sie haben beim Tod Ihres geliebten Menschen erlebt, wie sein und damit auch Ihr eigenes Leben sehr begrenzt ist. Versuchen Sie jetzt diese Begrenzung Ihres Lebens ganz bewusst zu spüren. Dann prüfen Sie, welcher der folgenden Sätze für Sie stimmen könnte:

  »Ich lebe hier noch eine Weile – dann sterbe ich auch.«
  »Wenn ich dann sterbe, bin ich mit dir in der Erfahrung des Todes vereint.«
  »Ich lebe noch ein bisschen – dann komme ich zu dir.«

- Gehen Sie jetzt noch einen Schritt weiter und nehmen Sie Kontakt mit Ihrem Sehnen nach Ihrem geliebten Menschen auf. Desgleichen suchen Sie die Hoffnung – und sei sie auch noch so schwach – in Ihnen und fügen die Perspektive der Hoffnung Ihrem Sehnen hinzu. Wenn Sie an einer Wiederbegegnung zweifeln, dann versuchen Sie, diese Zweifel für einige Augenblicke zurückzustellen. Nun sprechen Sie die folgenden Sätze und spüren, was mit Ihnen und Ihrer Beziehung zu Ihrem geliebten Menschen geschieht:

  »Ich hoffe, dich wiederzusehen.«
  »Ich bin auf dem Weg zu dir und freue mich auf dich.«
  »Dann werde ich dich wiedersehen.«
  »Und dann werde ich dir in die Arme fallen und du in meine.«

- Schließlich gehen Sie jetzt in das Gefühl der Liebe zu Ihrem geliebten Menschen und fragen Sie sich, ob und wie Sie sich eine Wiederbegegnung in Liebe vorstellen kann. Hören Sie die Antwort Ihrer Liebe und sprechen aus der Kraft der Liebe folgende rituellen Sätze. Entscheiden Sie dann, welcher rituelle Satz für Sie zu einem inneren Begleiter werden kann.

»Die Liebe wird mich zu dir bringen.«
»In der Liebe werden wir uns wiederfinden.«
»Dann werde ich ganz bei dir und du wirst ganz bei mir sein.«
»Dann du und ich – wir beide ineinander.«
»Dann wir in der vollkommenen Liebe.«
»Dann wir vollkommen in der Liebe.«
»Dann wir beide – vereint in der Liebe.«
»Dann wir in der Liebe.«

Literatur

Hellinger, B.: Ordnungen der Liebe: Ein Kursbuch. Heidelberg 1994.

Kachler, R.: Damit aus meiner Trauer Liebe wird. Neue Wege in der Trauerarbeit. Stuttgart 2007.

Kachler, R.: Meine Trauer wird dich finden. Ein neuer Ansatz in der Trauerarbeit. Stuttgart 2005.

Kachler, R.: Wie ist das mit der … Trauer. Ein Kinderbuch. Stuttgart 2007.

Gedichtnachweis

Ausländer, Rose: Dennoch vereint. Aus: dies., Und preise die kühlende Liebe der Luft. Gedichte 1983–1987. © S. Fischer Verlag GmbH, Frankfurt am Main 1988.

Ausländer, Rose: Jenseits I. Aus: dies., Im Aschenregen die Spur deines Namens. Gedichte und Prosa 1976. © S. Fischer Verlag GmbH, Frankfurt am Main 1984.

Ausländer, Rose: Bruchteil. Aus: dies., Hügel aus Äther unwiderruflich. Gedichte und Prosa 1966–1976. © S. Fischer Verlag GmbH, Frankfurt am Main 1984.

Fried, Erich: Dich. Aus: Liebesgedichte. © Verlag Klaus Wagenbach, Berlin 1979.

Kaschnitz, Marie Luise: Überall nie. © 1965 Claassen Verlag der Ullstein Buchverlage GmbH, Berlin

Durch die Trauer hin zur Liebe

Roland Kachler
Damit aus meiner Trauer Liebe wird
Neue Wege in der Trauerarbeit

KREUZ

Roland Kachler
Damit aus meiner Trauer Liebe wird
Neue Wege in der Trauerarbeit
200 Seiten, Broschur
ISBN 978-3-7831-2933-5

Roland Kachler vertieft in diesem Band seinen neuen, viel beachteten Ansatz im Verständnis der Trauer: Nicht das Loslassen, sondern die Liebe zum Verstorbenen steht im Zentrum des Trauerprozesses. Die Liebe ist das Ziel der Trauerarbeit, sie führt durch den Trauerprozess und findet eine neue, innere Beziehung zum Verstorbenen. Nicht nur Betroffene und Hinterbliebene, sondern auch Trauerbegleiter erhalten eine Vielzahl konkreter Impulse für die wesentlichen Schritte auf dem Weg durch die Trauer hin zur Liebe und zu einer inneren, sicheren und freien Beziehung zum Verstorbenen.

KREUZ

»Was Menschen bewegt«

Erhältlich im Buchhandel
oder unter www.kreuzverlag.de

Ein neuer Weg der Trauerbewältigung

Meine Trauer wird dich finden

Ein neuer Ansatz in der Trauerarbeit

Roland Kachler

KREUZ

Roland Kachler
Meine Trauer wird dich finden
Ein neuer Ansatz in der Trauerarbeit
140 Seiten, Broschur
ISBN 978-3-7831-2585-6

Der Autor spürt nach dem Unfalltod seines 16-jährigen Sohnes, dass die Trauermodelle, zu denen er selbst seinen Patienten geraten hatte, ihm nicht helfen konnten, seinen Schmerz zu überwinden. Deshalb hat er einen neuen Weg der Trauerbewältigung gesucht und gefunden. Statt den Verstorbenen »loszulassen«, zielt die Methode des Autors darauf, das, was an Liebe für den Verstorbenen bei den Lebenden geblieben ist, so zu kompensieren, dass der Tote in einer anderen Weise bei den Lebenden bleiben kann, ohne dass daraus seelische Störungen erwachsen. Die praktischen Übungen, Hinweise und Tipps am Ende jedes Kapitels helfen, diesen neuen Weg zu gehen.

KREUZ

»Was Menschen bewegt«

Erhältlich im Buchhandel
oder unter www.kreuzverlag.de